PROFIL D'UNE ŒUVRE

Collection dirigée par Georges Décote

PANTAGRUEL ET GARGANTUA

RABELAIS

Analyse critique

par Daniel MÉNAGER,

Maître de Conférences à
l'Université de Paris X - Nanterre

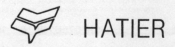

HATIER

Sommaire

INTRODUCTION 5

1. L'ÉCRIVAIN ET SES PUBLICS 7

François Rabelais 7
Alcofrybas Nasier 9
Figures de lecteurs 11
Les Pantagruélistes 12
Culture savante et culture populaire 13
L'os à moelle 14

2. HISTOIRES 17

Les modèles 18
● *Les Grandes Chroniques* 18
● *Le roman d'apprentissage* 19
Les enfances du géant 20
● *L'apparition du père* 21
● *Le « repos d'estude »* 22
● *Le savoir du diable* 22
● *Le savoir humaniste* 24
● *La foire aux illusions* 25
● *Les hésitations du narrateur* 26

© HATIER - PARIS 1978

ISSN 0750-2516   ISBN 2-218-04171-5

L'assaut des « malfaisans » 27
● *Le retour* 27
● *Le héros et son double* 28
● *La force, la ruse, la grâce* 30
● *Diableries* 30
● *Les pèlerins* 31

L'ordre nouveau 32
● *L'ailleurs* 32
● *Le monde à l'envers* 33
● *L'idéal thélémite* 34
● *Oublier Thélème* 34

3. LA REPRÉSENTATION ROMANESQUE 37

Le vrai et le vraisemblable 37
● *L'ouï-dire* 37
● *Des histoires de géants* 38
● *L'« autre monde » et le monde autre* 40
● *L'espace romanesque* 40
● *« Le pays de Thélème, jouste la rivière de Loyre »* 42

Le système des personnages 43
● *Le plaisir des noms propres* 43
● *Noms et programmes* 44
● *Antithèses ?* 45
● *Surface et profondeur* 46
● *La question du héros* 48

Les techniques narratives 49
● *Récit et interventions d'auteur* 49
● *Lecteur, es-tu là ?* 50
● *La parodie* 51
● *La prise de parole* 52
● *Le langage des rois-géants et les autres* 53
● *Parole individuelle et parole collective* 55
● *Les plaisirs de l'équivoque* 56
● *L'inflation verbale* 57

Les hommes et les choses 58
● *Description* 59
● *L'invasion des choses* 60

4. SIGNIFICATIONS 61

La vision comique 61
● *Le rire comme vision du monde* 62
● *Les « agelastes »* 63
● *Le détrônement et le rabaissement* 64
● *L'ambivalence : mort et résurrection* 65
● *La vision comique et le peuple* 66
● *L'individu et le rire* 67
● *Le cynisme ou l'humour* 68

La vision royale 69
● *La fonction royale* 70
● *Les responsabilités du Prince* 71
● *La pensée de l'ordre* 72
● *Le travail et la richesse* 73
● *Échec au roi ?* 74

CONCLUSION 76

BIBLIOGRAPHIE 78

THÈMES DE RÉFLEXION 79

Note : Toutes les références à *Pantagruel* et à *Gargantua* renvoient à la collection « Folio », Éd. Gallimard.

Introduction

Presque coup sur coup, Rabelais publie ses deux premiers romans : le *Pantagruel* en 1532, le *Gargantua* en 1534 ou 1535[1]. Suit un long silence puisqu'il faut attendre 1546 pour que paraisse le *Tiers Livre,* bientôt suivi du *Quart Livre* (1548). Quant au *Cinquième Livre,* posthume, il n'est publié, sous sa forme complète, qu'en 1564, onze ans après la mort de l'écrivain, qui ne le rédigea pas complètement de sa main. Ce rythme inégal de publication a souvent incité les chercheurs à rapprocher les deux premières œuvres, et à étudier ensemble le *Tiers* et le *Quart Livre*.

L'étude qui suit s'intéresse au *Pantagruel* et au *Gargantua,* deux romans que rapproche leur structure : dans un cas comme dans l'autre, le narrateur offre à son lecteur l'histoire d'un héros (qui est un géant), ses origines, son éducation, ses exploits guerriers. Par la voix de celui-ci, il fait entendre également un grand discours sur la Renaissance et sur l'espoir qu'elle apporte aux hommes de sa génération, discours bien connu, puisque ses principaux moments (Lettre de Gargantua à Pantagruel, « Contion » aux vaincus) figurent dans presque tous les livres de morceaux choisis. Entre 1532 et 1534/1535, Rabelais accentue même son engagement philosophique et politique, et c'est la raison pour laquelle il développe les épisodes (éducation, guerre) qui lui permettent le mieux,

---

1. À la date de 1534, généralement acceptée, certains spécialistes, dont M.-A. Screech, préfèrent maintenant celle de 1535. Voir la discussion sur cette question dans l'introduction de M.-A. Screech au *Gargantua,* Genève, Droz, 1970.

directement ou par ses porte-parole, d'exprimer ses idées. On peut ainsi s'expliquer le privilège dont le *Gargantua* jouit par rapport au *Pantagruel* dans la tradition critique : après avoir écrit une œuvre débridée et plus ou moins improvisée, Rabelais aurait composé, sans renoncer à sa « verve comique », le roman de la maturité et de l'équilibre.

Cette perspective n'est pas fausse, à condition de ne pas oublier ce qui fait l'éclatante originalité du *Pantagruel* ; à condition aussi de ne pas faire de ces romans des œuvres à thèse. Si Rabelais tente de donner une réponse aux problèmes de son temps, celle-ci est inscrite dans la construction de l'histoire, les techniques du récit, le système des personnages. À côté des rois-géants, porteurs de l'idéal renaissant, il a placé des figures ironiques (Panurge, Frère Jean) qui ne s'intègrent jamais tout à fait à la société qu'on leur propose. Il faudra en tenir compte, si on veut éviter de simplifier une œuvre, qui met elle-même en question, sans cesse, les réponses qu'elle croit avoir trouvées. Thélème, lieu idéal de la transparence, repose, on le verra, sur une énigme.

L'œuvre de Rabelais « fourmille de commentaires[1] ». Nous les utiliserons, mais comme ces lecteurs « légers à la poursuite et hardis à l'attaque[2] » que Rabelais a souhaités à son livre dans le Prologue du *Gargantua*. Si la lecture d'un texte est toujours une aventure, celle de l'œuvre rabelaisienne l'est encore bien plus qu'une autre.

---

1. Montaigne, *Essais*, III, 13.
2. Traduction de G. Demerson, Rabelais, *Œuvres complètes*, éditions du Seuil, Collection « l'Intégrale », p. 39-40.

L'écrivain et ses publics   1

La publication du *Pantagruel* n'est pas un grand événement de la république des lettres, comme il y en eut, par exemple, au dix-neuvième siècle. La plupart des lecteurs ne songent d'ailleurs pas à ranger cette œuvre dans ce que nous appelons aujourd'hui « littérature ». Qui nous permet de dire qu'aux yeux mêmes de Rabelais, cet ouvrage est plus important que ses éditions et traductions d'œuvres savantes ? Pourquoi même faudrait-il continuer à parler de François Rabelais, comme s'il n'avait pas signé ses deux premiers romans d'un autre nom : Alcofrybas Nasier, anagramme transparente, bien sûr, de son nom de baptême, mais anagramme tout de même ?

FRANÇOIS RABELAIS

Au moment où paraît le *Pantagruel,* la légende ne s'est pas encore emparée de lui, mais ce sera bientôt chose faite. Légende double d'ailleurs, qu'on ne saurait mieux résumer qu'en reprenant les termes mêmes de L. Febvre[1] ; pour ses ennemis, « une manière de Tabarin[2] avant la lettre, un pique-assiette, payant son écot en farces bruyantes, d'ailleurs s'enivrant à plein bec et, le soir venu, écrivant des ordures ». Pour ses amis, « un docte médecin, un savant humaniste nourrissant de beaux textes antiques et de curiosités ardentes sa prodigieuse mémoire ».

Mais ses amis, qui sont-ils ? des condisciples de couvent, des poètes qui célèbrent en Rabelais un des leurs (ce que fera encore Du Bellay) ; des hellénistes et des humanistes, comme Budé et Tiraqueau, qui apprécient sa culture et son immense curiosité. Ils connaissent les recherches du médecin Rabelais,

1. *Le Problème de l'incroyance au XVIᵉ siècle. La religion de Rabelais,* Paris, Albin Michel, 1942, p. 98.
2. Bateleur célèbre du XVIIᵉ siècle.

l'un des premiers à fonder son enseignement sur le texte des grands médecins grecs redécouverts : Hippocrate et Galien dont il donne une nouvelle édition, mieux établie, ainsi qu'une traduction latine l'année même où paraît le *Pantagruel*. Ils savent aussi qu'il a profité de son voyage à Rome pour se livrer à des recherches archéologiques, et qu'il a publié à Lyon, en 1534, la *Topographie de la Rome antique* de l'Italien Marliani. Ne nous étonnons pas, par conséquent, de relever le nom de G. Budé parmi les correspondants du jeune humaniste François Rabelais.

Il compte aussi des amis parmi ces partisans d'une réforme religieuse qu'on appelle « évangéliques ». Pour eux comme pour Rabelais, les années 1532-1534 sont décisives, car ils peuvent croire que le roi François Ier défend leurs idées ; en mai 1533, N. Béda, l'un des théologiens les plus hostiles aux idées nouvelles, avait été envoyé en exil et François Ier obtient la même année que l'Université désavoue les censeurs de la Sorbonne qui avaient osé inscrire sur la liste des livres suspects une œuvre de Marguerite de Navarre[1], sa propre sœur. En novembre de la même année, Nicolas Cop, un ami de Calvin, nouveau recteur de l'Université, prononce un sermon qui contient de « vives attaques contre les scolastiques[2] ». Comment Rabelais n'aurait-il pas pris parti en faveur de ces hommes et de ces idées, lui qui, un an auparavant, saluait Érasme comme son père spirituel ?

Les ennemis sont encore peu nombreux en ces années 1532-1534, bien que certains s'inquiètent de voir « un moine de vie d'abord recommandable, un moine estimé de tous... qui s'émancipe en se défroquant, change d'allures et de manières d'être, se livre à l'ivrognerie, compose au lieu d'œuvres doctes des écrits... rabelaisiens[3] ». Les condamnations viendront plus tard, et d'abord pour des motifs qui ne sont pas d'ordre religieux ou philosophique : si le *Pantagruel* fut condamné en 1533, ce fut pour ses obscénités, et non pour ses impiétés. La condamnation de la Sorbonne, qui, par ailleurs, se

---

1. Il s'agissait du *Miroir de l'âme pécheresse*, poème théologique et mystique, paru deux ans auparavant.
2. L. Febvre, op. cit., p. 107.
3. *Ibid.*, p. 98.

montrait beaucoup moins sourcilleuse à l'égard d'autres œuvres tout aussi libres de ton et de langage, s'explique cependant par l'hostilité profonde à l'égard d'un homme dont on savait bien qu'il était partisan des idées nouvelles. L'accusation d'obscénité ressemble fort à un prétexte habilement trouvé. Quant au second livre de Rabelais, le *Gargantua,* il fallut attendre 1543 pour qu'il figure sur une liste de « livres pernicieux » établie par la Faculté de Théologie, liste où il retrouve, outre le *Pantagruel,* des œuvres de Calvin, Érasme, Marot, et de nombreuses traductions en français des Livres Saints. Le voici donc en excellente compagnie, dans ce qu'on pourrait appeler, avec L. Febvre, « l'état-major de la Réforme[1] ».

Comme beaucoup d'écrivains, Rabelais s'est peut-être félicité d'une condamnation qui constitue parfois, pour un livre, la meilleure réclame. Si le *Pantagruel* a été bel et bien condamné en 1533 — ce qui n'est pas sûr — cela ne l'a pas empêché de connaître jusqu'en 1543, et au-delà, un nombre considérable de réimpressions et de rééditions. Mais qui le lisait ? Les évangéliques et les humanistes, partisans des réformes, et par ailleurs amis de Rabelais ? ou bien un autre public, qui n'avait probablement jamais rencontré l'auteur, et qui ne connaissait qu'un autre personnage : Alcofrybas Nasier ?

ALCOFRYBAS NASIER

Pour le lecteur de 1532, qui achète à la foire de Lyon, ou chez un libraire, *les Horribles et espoventables faictz et prouesses du tresrenomé Pantagruel, Roy des Dipsodes, filz du grant géant Gargantua, composez nouvellement par maistre Alcofrybas Nasier* — pour ce lecteur, seul existe ce personnage dont le nom évoque tout à la fois les secrets bizarres de la science, et les joyeuses nasardes qu'il va distribuer généreusement tout au long de son œuvre. Rares sont les lecteurs qui

1. Op. cit., p. 132.

sont dans le secret et qui savent que l'auteur n'est autre que le célèbre médecin François Rabelais. Ils se trompent d'ailleurs, car l'homme qui traduit Hippocrate et Galien n'est pas le même que celui qui signe ce livre.

Qui est donc Alcofrybas ? un écrivain avant tout, qui signera encore de ce nom la *Pantagruéline Prognostication* de 1533, et, bien sûr, le *Gargantua* de 1534/1535 ; dont on devine qu'il aime les jeux du langage (voyez le nom et le titre) et toute cette littérature dite populaire qui se vend dans les foires et qui se colporte de campagne en campagne, et de ville en ville. C'est d'un livret « populaire » d'ailleurs qu'il s'est inspiré pour ce premier livre : *Les Grandes et inestimables chronicques du grant et énorme géant Gargantua.* Et il choisit les foires de novembre à Lyon pour le publier avant de promettre la suite, tout aussi échevelée, « à ces foires de Francfort prochainement venantes » (*Pantagruel,* ch. XXXIV, p. 429). Il connaît les goûts de ce public composite, que le développement du commerce et des échanges attire dans les grandes villes (Lyon, Francfort), et c'est encore pour lui plaire qu'il écrit des *Prognostications* et des *Almanachs,* genres très à la mode.

A son époque, certains livres atteignent en effet des tirages impressionnants : les Bibles en langue vulgaire d'abord que le mouvement de la Pré-Réforme multiplie en Allemagne mais aussi en France. Alcofrybas sait de quoi il parle quand il fait des éditions de la Bible le modèle même du succès de librairie, quitte à affirmer aussitôt que la *Chronicque gargantuine* s'est encore mieux vendue ! (Prologue du *Pantagruel,* p. 39). Les éditeurs répondent à la fois à la curiosité des hommes de science et d'un public cultivé dont l'importance augmente, et à la soif de romanesque qui explique la vogue des récits de voyage et celle des romans de chevalerie médiévaux, adroitement modernisés par des adaptateurs professionnels. Les œuvres mêmes d'Alcofrybas seront diffusées « au cours du seizième siècle, à une centaine de milliers d'exemplaires[1] ».

Beaucoup de ces œuvres appartiennent à la catégorie des

---

1. M. Butor et D. Hollier, *Rabelais ou c'était pour rire,* Paris, Larousse, 1973, p. 36.

« livres simplement plaisans », selon la formule de Montaigne, mais les doctes ne les méprisent pas, bien loin de là. A l'époque où Rabelais écrit, la frontière entre la « grande littérature » et l'autre est encore mal tracée, ce qui explique que les livres de foire puissent aboutir aussi bien dans le logis d'un artisan que dans la « librairie » d'un humaniste. Alcofrybas peut donc compter sur un public très vaste, où se retrouveront les amis humanistes à côté de lecteurs beaucoup plus populaires.

Ces publics, il les appelle à son œuvre par le « Cri » des prologues, analogue à celui que lançait l'auteur dans le théâtre comique médiéval.

FIGURES DE LECTEURS

« Très illustres et très chevalereux champions, gentilz hommes et aultres, qui voluntiers vous adonnez à toutes gentillesses et honnestetez... » (*Pantagruel*, p. 35) : cette adresse du premier prologue ne laisse aucun doute, semble-t-il, sur le public que choisit l'auteur : une société aristocratique, élégante et cultivée, qui préfigure celle que l'on retrouve à Thélème. La voilà pourtant, quelques paragraphes plus loin, dans la dégradante compagnie des « pauvres vérolés et goutteux », qui se consolent de leurs souffrances pendant leur séjour en étuve en lisant les *Grandes Chronicques* : première promiscuité, première incertitude.

Le prologue du *Gargantua* n'est pas moins ambigu. « Beuveurs » et « vérolez » méritent, on ne sait trop comment, les épithètes, réservées aux nobles, de « très illustres » et de « très précieux » (p. 55). Alcofrybas affirme que ses écrits leur sont dédiés, mais comment pourront-ils donc méditer sur les textes majeurs de la philosophie, sur le *Banquet* de Platon qui leur est proposé et sur le célèbre éloge de Socrate, incarnation déroutante de la philosophie ? Comble du paradoxe : à la référence au *Banquet*, sommet de la sagesse, succède un catalogue de livres dont l'énonciation se passe de commentaires : « *Gargantua, Pantagruel, Fessepinte, La dignité des Braguettes, Des Poys au lard cum commento.* » Si la promiscuité entre les différentes catégories sociales disparaît de ce prologue, elle règne maintenant dans le monde des livres où voisinent les leçons sublimes et les bouffonneries.

Il est donc impossible de construire, d'une façon sûre, la figure du lecteur d'Alcofrybas. On ne le trouvera ni dans la noblesse, dont les titres et les signes sont joyeusement bafoués, ni dans le peuple, auquel le narrateur suppose une culture qu'il n'a pas. Jean Paris n'a pas tort de se demander, au terme des prologues : « Où sommes-nous au juste ? Au manoir de Thélème ou dans les chambres de sudation, à la Pitié[1] ? » Les prologues d'Alcofrybas se distinguent bien, en tout cas, des préfaces classiques, où un auteur, surplombant son œuvre, choisit ses lecteurs en fonction de ses intentions. Ici règne l'ambiguïté. Mais la suite de l'œuvre apportera un élément de réponse à cette question du lecteur. Il est clair, en effet, que les prologues annoncent un texte qui ne prend tout son sens que dans le jeu complexe qu'il inaugure avec d'autres textes, et qu'il exige une lecture attentive à ce jeu, dont la parodie est un aspect. « Si les signes parodiques, rhétoriques et historiques, ne sont pas reconnus, le texte est lu au premier degré[2] ». Le risque d'une telle lecture existe pour un moderne, par ignorance du texte parodié, mais il existe aussi pour un contemporain de Rabelais, insuffisamment averti des modèles littéraires dont se joue l'extraordinaire culture d'Alcofrybas.

LES PANTAGRUÉLISTES

Sa véritable compagnie, Alcofrybas la trouvera finalement avec un genre nouveau de lecteurs, que son œuvre va susciter, et auquel il donnera un nom issu de l'œuvre elle-même : les « Pantagruélistes » : « Suis bien venu en toutes bonnes compagnies de Pantagruélistes » (Prologue du *Gargantua*, p. 61). Mais les Pantagruélistes ne sont pas simplement de « bon(s) gaultiers(s) et bon(s) compaignon(s) » *(ibid.)*. Ils ne sont pas davantage les membres d'une société secrète, et d'une « franc-

---

1. *Rabelais au futur*, Le Seuil, 1970, p. 37-38.
2. Claude Abastado, « Situation de la parodie », *Cahiers du 20e siècle*, numéro sur la Parodie, VI, 1976, p. 27.

maçonnerie philosophique » à laquelle appartiendrait aussi François Rabelais. Ils sont surtout les véritables lecteurs de l'œuvre, capables de la lire selon plusieurs degrés, d'y découvrir le sérieux, mais aussi la parodie, et cela grâce à la possession d'une culture qui puisse rivaliser avec celle d'Alcofrybas. Les Pantagruélistes forment moins une chapelle philosophique qu'un nouveau public littéraire, héritier de plusieurs traditions culturelles.

CULTURE SAVANTE ET CULTURE POPULAIRE

Le prologue du *Pantagruel* choisit, parmi les livres, un patronage complexe où l'on trouve, à côté de titres imaginaires (« Fessepinte »), beaucoup de romans populaires tirés des chansons de geste, et largement diffusés par l'imprimerie au seizième siècle : « *Robert le Diable, Fierabras, Guillaume sans paour, Huon de Bourdeaulx* » (*Pantagruel*, p. 39). Livres populaires, à coup sûr, si on entend par là livres très lus ; livres rien moins que populaires, si on interroge leur conception du monde et la culture dont ils se réclament. Ils prolongent en effet, et d'une façon tout à fait anachronique, la vision du monde qui était celle de la féodalité, et n'intègrent aucun élément d'une culture populaire authentique. On peut faire la même observation pour les *Chronicques gargantuines* dont Alcofrybas se réclame pour lancer son *Pantagruel*. Il est difficile de trouver en la personne du géant Gargantua, auxiliaire du roi Arthur, une quelconque représentation des forces ou des intérêts populaires. Au contraire : le géant reste l'objet de l'admiration effrayée du peuple, qu'il berne assez souvent, et son combat s'inscrit dans la lutte plus générale des forces du Bien (monarchie féodale) contre les forces du Mal.

Ces œuvres n'appartiennent pas davantage au grand courant de la littérature comique qui, au Moyen Age, porte souvent la vision populaire du monde. Non que le peuple ait l'apanage du rire, mais il a, selon la thèse de M. Bakhtine[1], celui de la

1. *L'Œuvre de François Rabelais et la culture populaire au Moyen Age et sous la Renaissance,* trad. franç., Paris, Gallimard, 1970. Cf. ch. IV : Significations, la vision comique.

contestation de toutes les formes officielles de pensée et d'expression. La « place du marché », lieu à la fois réel et symbolique de la culture populaire, se joue, par le rire, des hiérarchies politiques, sociales et religieuses.

Au moment où Rabelais commence à écrire, l'organisation sociale et politique restreint de plus en plus les possibilités d'expression de cette culture populaire. Mais on assiste en revanche à une carnavalisation marquée de la littérature, dont le signe le plus évident est peut-être l'œuvre de Rabelais. Le texte populaire ne serait donc pas ces Grandes Chroniques, dont, selon Alcofrybas, « il a esté plus vendu par les imprimeurs en deux moys qu'il ne sera acheté de Bibles en neuf ans » (Prologue du *Pantagruel*, p. 39), mais l'œuvre de Rabelais elle-même, joyeuse contestation de toutes les certitudes officielles.

Ce sens de la « contestation » permet peut-être de découvrir les véritables lecteurs de ce texte, proches de Rabelais lui-même : clercs « jusqu'aux dents », mais ayant rompu comme lui avec les institutions officielles, marginaux par certains côtés (mais sachant trouver appuis et protections), profondément attentifs aux différents mouvements de leur temps, et découvrant avec passion un moyen d'expression de leur solitude, de leurs doutes, et de leurs questions : la littérature.

L'OS À MOELLE

Du Prologue du *Pantagruel* à celui du *Gargantua*, Alcofrybas semble demander à son lecteur une attention de plus en plus grande. À vrai dire même, dans le premier de ces textes, il n'est pas question de lecture, du moins sous sa forme moderne : individuelle et silencieuse. Le narrateur évoque plutôt une lecture à haute voix, propre à passer agréablement le temps, et — parodie du discours sur l'utilité des lettres — à soulager les souffrances des pauvres vérolés. S'il profite de l'essor de l'imprimerie, dont il opposera ailleurs les effets bénéfiques à ceux d'une autre invention moderne : l'artillerie, il songe peut-être sérieusement à une époque encore proche, celle du Moyen Age, où la lecture individuelle n'existait

14

guère, et où le livre était l'objet d'une récitation publique. L'expression de « religieuse Caballe », employée dans ce prologue, ne désigne pas une doctrine mystérieuse, contenue dans le livre et offerte à la sagacité d'un lecteur attentif, mais plutôt la tradition orale qui assurerait la survie de l'œuvre au cas même où tous les livres périraient.

Tout change, apparemment, avec le second prologue. Le lecteur se voit immédiatement proposer, comme métaphore du livre, l'image platonicienne des « silènes » (eux-mêmes images de Socrate), « petites boîtes » d'apparence grotesque et décorées de « pinctures contrefaictes à plaisir pour exciter le monde à rire », mais contenant au-dedans de « fines drogues... et aultres choses precieuses ». Ce « prélude » célèbre semble une invitation à « ouvrir le livre et soigneusement peser ce que y est deduict », à dépasser le « sens literal », assimilé au niveau comique du texte, pour atteindre un « plus hault sens ». La lecture, comparée à la chasse, exige de celui qui s'y adonne agilité et attention, faute de quoi elle ne capturerait pas cette « doctrine plus absconce » où se trouvent contenus les mystères de la religion, de la politique et même de l'économie.

Encore faut-il lire ce prologue jusqu'au bout : pour y découvrir les sarcasmes dont Alcofrybas accable la lecture allégorique des textes, celle-là même qu'il vient de recommander, et les élucubrations qu'elle produit. Le lecteur entiché d'interprétations ésotériques, déjà comparé à un chien devant son os à moelle, se voit maintenant comparé à un « Frère Lubin », type même du moine ignorant et stupide : images rabaissantes et qui appartiennent à la veine grotesque d'Alcofrybas. La lecture allégorique des textes ne sort pas indemne de tous ces avatars. Alcofrybas, comme d'ailleurs Rabelais, ne refuse certainement pas qu'on l'applique au texte de la Bible, où sa théorie a pris naissance ; mais seul un lecteur vraiment étourdi pourrait s'en servir pour les textes mentionnés par le narrateur : « *Gargantua, Pantagruel, Fessepinte, La dignité des Braguettes, Des Poys au lard cum commento.* »

La manière de lire le *Gargantua* et le *Pantagruel*, ce prologue nous l'indique, mais indirectement. Elle consiste à accueillir tous les discours d'Alcofrybas, les plaisants comme les sérieux, et même les sublimes : quoi de plus sublime, ici, que l'extraordinaire éloge de Socrate ? mais quoi de plus grotesque que l'image du chien devant son « os à moelle » ? Elle consiste à accepter ses ruptures de ton, ses changements de rythme, ses volte-face. C'est là qu'Alcofrybas innove, par rapport à la prose humaniste, cérémonieuse et cadencée, et aussi par rapport à une littérature qui se veut populaire, mais qui se trouve incapable, bien souvent, de briser le carcan des conventions et des stéréotypes.

Ce deuxième prologue était donc bien un « coup d'essay » (p. 57) : Alcofrybas a voulu nous « essayer », voir si nous étions capables de le suivre dans le jeu de ses inventions, avant de nous inviter à lire le « reste ». Premier partage, au terme duquel se trouvent séparés les lecteurs décidément trop sérieux, et ceux qui, à l'instar d'Alcofrybas, ont accepté d'être ivres, mais en même temps lucides, comme le Socrate du *Banquet*.

Pantagruel	*Lieux de l'action*
I Enfances (ch. 1 à 4).	Utopie
Tour de France (ch. 5 et 6).	
Éducation de Pantagruel. } Faits et gestes de Panurge } (ch. 7 à 22).	Paris
Retour en Utopie (ch. 23 et 24).	
II Guerre contre les Dipsodes.	Utopie
Exploits de Pantagruel et de Panurge (ch. 25-30).	
L'autre monde (ch. 30).	Les Enfers
III Rétablissement de la paix ; châtiment d'Anarche ; projets de conquête (ch. 31-34).	Utopie ; marche vers la Dipsodie

Gargantua	*Lieux de l'action*
I Enfances (ch. 1 à 15).	Le Chinonais
Voyage vers Paris (ch. 16).	
Éducation (ch. 17 à 24).	Paris
II Guerre contre Picrochole (ch. 25 à 51).	
Origine de la guerre ; premiers engagements, échec des négociations (ch. 25-33).	Le Chinonais
Retour de Gargantua (ch. 34).	
Exploits de Gargantua et de Frère Jean (ch. 35 à 51).	
III Châtiment de Picrochole ; récompense des bons serviteurs ; création de l'abbaye de Thélème (ch. 52-58).	Ailleurs

Rabelais a promis au public un livre de « même billon » que les *Chronicques gargantuines,* grand succès de librairie. Pour «lancer» son œuvre, il s'est aussi réclamé des romans de chevalerie qui devenaient populaires grâce à des adaptations habiles. Le public auquel il s'adresse demande en effet à l'auteur de mettre en scène les personnages qu'il connaît déjà, car son plaisir est fonction d'une attente que l'auteur doit combler. Les romans populaires du début du seizième siècle connaissent une situation analogue à celle du roman policier moderne ou du western : il faut un modèle narratif, un dénouement conforme à ce qu'attend le lecteur, et des rôles clairement distribués. Rabelais devra donc satisfaire à ces exigences implicites, tout en innovant. Car il s'adresse aussi à un public d'intellectuels et d'écrivains qui attendent autre chose de l'œuvre romanesque. Tâche difficile, d'autant que Rabelais peut se trouver, d'une certaine manière, prisonnier du succès de son premier livre : comment fera-t-il du *Gargantua* une œuvre qui ne soit pas la répétition pure et simple du *Pantagruel* ?

LES MODÈLES

● *Les Grandes Chroniques*

Leur succès ne se dément pas, et se prolonge bien après la publication des deux premiers livres de Rabelais : certaines versions datent en effet de 1544. Leur modèle est simple et tente de répondre au goût du merveilleux qui est celui d'une large fraction du public, même cultivé, en même temps qu'à celui de la parodie, grâce à laquelle le lecteur prenait ses distances vis-à-vis des romans de chevalerie.

Le récit des *Grandes Chroniques* peut se résumer ainsi : en Orient, le prophète Merlin crée deux géants, Grant-Gosier et Gallemelle, qui devront plus tard venir au secours du «bon roy Artus», lequel a fort à faire contre ses ennemis. De leur union naît Gargantua dont l'auteur anonyme raconte les exploits. Ils ont pour théâtre l'Orient, où est né le héros, puis la France où se dirigent les géants, effrayant les peuples par leur taille et leur force. Gargantua dont les parents viennent de mourir se rend à Paris où a lieu le célèbre épisode du vol des cloches de Notre-Dame, puis sur les conseils de Merlin, qui reparaît, il se prépare à passer en Bretagne, où l'attend le roi Artus pour lutter contre d'épouvantables géants, les Gos et les Magos, puis contre les Irlandais et les Hollandais. Gargantua, après la victoire, reste au service d'Artus, jusqu'à ce que, dans une ultime « translation », « Gain la phee » le transporte vers un lieu légendaire, le pays de féerie, où il jouit de l'immortalité[1].

Ce résumé ne plaide guère en faveur d'un livret dont tous les spécialistes ont souligné la monotonie et la platitude de style. Mais ce serait aller un peu vite en besogne que d'attribuer aux *Grandes Chroniques* le seul mérite d'avoir été à l'origine de *Pantagruel* et de *Gargantua*. L'auteur en effet — et c'est son apport essentiel — greffe la légende populaire du géant Gargantua, bien connue des folkloristes, sur la légende arthurienne, encore vivante à la fin du Moyen Age. Il noue une intrigue, encore sommaire, au moment où il cesse de raconter les déluges urinaux du géant et des « exploits » du même type pour mettre son personnage au service du roi Arthur. Le royaume arthurien apparaît donc en crise puisqu'il doit sa survie à la force du géant, et les *Grandes Chroniques* ont, par là même, une signification politique.

La fonction gigantale est ici distincte de la fonction royale, et le premier geste de Rabelais, dans le *Pantagruel,* sera de les réunir en une même personne, et d'abandonner tout le contexte arthurien. Il n'en subsistera guère qu'une seule mention dans le premier roman : celle de la « translation » de Gargantua « au pays des Phées par Morgue comme feut jadis Ogier et Artus » (ch. XXIII, p. 311).

● *Le roman d'apprentissage*

Au moment où commencent les romans, qu'il s'agisse du *Pantagruel* ou du *Gargantua*, les géants ne sont encore que

1. Pour un résumé et une analyse plus précise des *Grandes Chroniques*, voir J. Larmat, *Rabelais*, Hatier, « Connaissance des Lettres », 1973, p. 22-25.

les héritiers d'un royaume où règnent Gargantua et Grand-gousier. Rabelais n'a donc pas simplement supprimé la relation de service : géant/roi, il l'a transformée dans la relation : héritier/roi, et fils/père. Par ce moyen il donne à ses romans une perspective temporelle qui manquait totalement aux *Grandes Chroniques*; le lecteur parcourra les étapes de ce que le seizième siècle appelle l'«institution d'un prince», et la forme narrative aura l'avantage sur les traités théoriques, très nombreux à l'époque, d'être plus agréable et plus vivante.

Gargantua donne lui-même la formule du récit dans un passage de la lettre qu'il écrit à son fils Pantagruel pour l'exhorter à l'étude : «Car, doresnavant que tu deviens homme et te fais grand, il te fauldra yssir de ceste tranquillité et repos d'estude, et apprendre la chevalerie et les armes, pour défendre ma maison, et nos amys secourir en tous leurs affaires, contre les assaulx des malfaisans» (chap. VIII, p. 135-137). Cet «assaut des malfaisants» prend la forme, dans le *Pantagruel,* de l'attaque lancée par les Dipsodes contre le royaume de Gargantua, l'Utopie (chap. XXIII); dans le *Gargantua,* de l'invasion soudaine par Picrochole des États de Grandgousier, consécutive à l'affaire des fouaces. Dans un cas comme dans l'autre, le jeune prince abandonne son «philosophicque repous» (*Gargantua,* p. 253) et se porte au secours des «gens et biens qui (lui) sont par droict naturel affiez» (*ibid.*). Les deux guerres voient le triomphe du droit sur la force, et le rétablissement de l'ordre un instant troublé.

La formule donnée par Gargantua, et confirmée dans le second roman par Grandgousier (ch. XXIX, p. 253), annonce un récit comprenant deux phases essentielles : l'éducation, puis la guerre. Elle ne rend pas compte toutefois de la composition réelle des deux romans.

LES ENFANCES DU GÉANT

Dans le roman classique, le personnage central n'intéresse le narrateur (et le lecteur) qu'à partir du moment où il quitte le monde de l'enfance pour entrer dans celui des adultes. Pour recevoir l'éducation d'un jeune noble, il passe en même temps du monde des femmes (mère et nourrice) au monde des hommes (écuyers et précepteurs).

L'enfance ne retient guère l'attention du narrateur dans le *Pantagruel* : un seul chapitre lui est consacré. Encore s'agit-il de l'enfance d'un géant, marquée par une série d'exploits dont la nomenclature est empruntée aux *Grandes Chroniques* : Pantagruel hume le lait de « quatre mille six cens vaches », se défait, comme Hercule, « des liens qui le tenoyent au berceau », mange « les deux tétins » de la vache qui l'allaite, met en pièces un ours qui l'attaquait, etc.

Tout autre est l'univers de l'enfance dans le *Gargantua*. Le narrateur ne se contente plus de raconter les exploits qui prouvent la force ou l'appétit de son héros : il décrit ses jeux (ch. XI), l'oppose dans une scène pleine d'humour à l'univers sérieux des adultes (ch. XII), évoque l'éveil de sa sexualité dans ses jeux avec les nourrices (fin du ch. XI). Tout baigne ici, comme on l'a écrit, dans un « climat d'érotisme heureux et d'entière licence alimentaire, sexuelle (et linguistique en ce qui concerne les femmes[1]) ». L'enfant accède peu à peu, et dans un même mouvement, à la maîtrise de son corps et à celle du langage, comme le montre l'extraordinaire épisode du « torche-cul » (ch. XIII).

Loin de hâter son roman vers les pages qu'attendaient ses lecteurs humanistes, Alcofrybas semble avoir pris un singulier plaisir à demeurer longtemps dans l'univers merveilleux et sans responsabilité de l'enfance.

● *L'apparition du père*

La figure de la mère est totalement absente de l'enfance de Pantagruel, puisque Badebec meurt en lui donnant le jour (*Pantagruel,* ch. III). Quant à Gargamelle, elle semble n'avoir pour rôle que d'enfanter le héros, qui, dès sa naissance, est confié aux nourrices. La figure du père possède donc une singulière importance. Il n'est encore, dans le *Pantagruel,* que le témoin débonnaire et admiratif des exploits de son fils. Dans le *Gargantua,* il suit d'une façon beaucoup plus attentive l'éducation de son héritier, s'occupant de lui faire tailler un habit à sa livrée (ch. VIII), déterminant la « discipline » qu'il doit suivre « de trois à cinq ans » (ch. XI),

1. Michel Beaujour, *Le Jeu de Rabelais,* Paris, l'Herne, 1969, p. 80.

dialoguant avec lui, au retour de ses expéditions, afin de connaître ses progrès (ch. XIII, début). La joie du père devant son enfant est d'abord celle d'un noble et d'un roi devant son héritier. La célèbre perplexité de Gargantua, lorsque, au même moment, il perd sa femme et trouve un fils, se résout finalement en joie, car le second événement l'emporte sur le premier. Dans la lignée des géants comme dans les grandes familles nobles, le nom se transmet par les descendants mâles. Le prologue de la lettre de Gargantua à Pantagruel (*Pantagruel,* ch. VIII) assigne au fils un devoir sacré de ressemblance au père, comme si sa mère n'avait jamais existé. La ressemblance inscrite dans l'hérédité doit se trouver confirmée par un idéal de vie conforme à celui qui a inspiré les actes du père.

Derrière Gargantua, l'auteur de cette lettre, se profile aussi l'homme du seizième siècle pour lequel les promesses de la vie éternelle, toujours acceptées dans la foi, ne confèrent peut-être qu'un espoir incertain dans l'immortalité. Voilà pourquoi Gargantua envisage cette autre forme d'immortalité qui réside dans l'existence d'un fils : « Quand, par le plaisir de luy (= Dieu), qui tout régist et modère, mon âme laissera ceste habitation humaine, je ne me réputeray totalement mourir, ains passer d'un lieu en aultre, attendu que, en toy et par toy, je demeure en mon image visible en ce monde » (p. 127). Tous les devoirs de Pantagruel se résumeront donc dans le devoir de ressemblance.

● *Le « repos d'estude »*

Comme dans les romans d'apprentissage, l'accès au Savoir est inséparable d'un départ du héros. Pantagruel n'étudie pas dans les écoles d'Utopie, mais entreprend, pour satisfaire à l'ordre de son père, un tour de France des Universités qui le mène de Poitiers à Orléans et à Paris. Gargantua, pour sa part, ne se rend à Paris qu'après l'échec de l'éducation dispensée par les « précepteurs sophistes », comme s'il ne pouvait réussir dans l'« estude » qu'en un nouvel espace.

Le héros se libère ainsi de l'autorité paternelle immédiate. Pantagruel, durant son tour de France, mène plutôt la vie d'un « goliard[1] » que celle d'un étudiant sérieux, et l'on peut se demander dans quelle mesure il se souvient du désir paternel : « Au regard de se rompre fort la teste à estudier, il ne le faisoit mie, de peur que la veue luy diminuast » (*Pantagruel,* chapitre V, p. 89). Cet oubli donne à la lettre que lui envoie son père le caractère d'un rappel à l'ordre, suivi d'effets immédiats : « Ces lettres receues et veues, Pantagruel print nouveau courage, et feut enflambé à proffiter plus que jamais » (p. 139). Les chapitres qui relatent l'éducation du géant n'en posent pas moins un difficile problème d'interprétation.

● *Le savoir du diable*

Le narrateur ne s'est pas engagé ici dans un récit linéaire. La lettre du chapitre VIII est suivie immédiatement par la rencontre, au chapitre IX, de Pantagruel et de Panurge. Rabelais revient apparemment à son sujet en racontant comment le géant, « bien records des lettres et admonition de son père, voulut un jour essayer son sçavoir » (ch. X) ; ainsi est introduit l'épisode de la controverse entre les seigneurs de Baisecul et Humevesne (ch. X, XI, XII, XIII). Le lecteur retrouve Panurge au chapitre suivant, pour apprendre comment il a échappé aux Turcs et reste en sa compagnie jusqu'au chapitre XXII.

La composition curieuse de cet ensemble et les allées et venues du narrateur entre Pantagruel et Panurge ont été souvent mises au compte de l'improvisation. Celle-ci n'explique pas cependant pourquoi Pantagruel (quelle que soit la place prévue initialement pour ce chapitre) préfère finalement la compagnie de Panurge, vagabond assez peu recommandable, à celle des « gens lettrez » que lui recommandait son père dans la fameuse lettre (p. 137) ; pourquoi il tend une oreille complaisante aux propos obscènes de ce douteux personnage (ch. XV), et décide finalement (p. 225) de

---

1. Les goliards sont, au XIIᵉ siècle, des étudiants pauvres que l'éclatement des structures féodales jette sur les routes et qui, dans leurs poésies, s'attaquent à la société et à la morale ordinaire. Voir à ce sujet J. Le Goff, *Les Intellectuels au Moyen Âge*, Paris, Le Seuil, 1957, p. 29 et suiv.

l'introduire dans sa maison. Panurge constitue un démenti vivant à l'aphorisme de celui qui condamnait la « science sans conscience ». Car Panurge est savant, on ne saurait trop le rappeler, et il fait étalage devant Pantagruel abasourdi d'une étourdissante virtuosité linguistique. Il illustre à sa manière une phrase trop peu commentée de la lettre de Gargantua à Pantagruel : « Je voy les brigans, les boureaulx, les avanturiers, les palefreniers de maintenant, plus doctes que les docteurs et prescheurs de mon temps. » Ce savoir acquis sur les routes et dans les tripots justifie l'hypothèse, émise plusieurs fois, d'un commerce avec les diables (p. 263). Ce qui est sûr, en tout cas, c'est que Panurge éloigne son nouvel ami de la crainte de Dieu, il est l'« âme malivole » (p. 137), l'âme damnée du héros. Se rallier à lui, c'est enfreindre l'ordre du père, et l'ordre de Dieu, pénétrer dans le monde du vol, de la supercherie et de la sexualité cynique.

L'essai du savoir, recommandé par Gargantua, tourne d'ailleurs à la confusion de son fils. Ce n'est pas Pantagruel qui affronte finalement l'Anglais Thaumaste, attiré à Paris par la renommée de son savoir, mais Panurge qui se substitue à son maître et qui fait « quinaud » son adversaire. On ne saurait mieux résumer le tour imprévu que prend cette épreuve qu'en citant le titre complet du chapitre XVIII : « Comment un grand clerc de Angleterre vouloit arguer contre *Pantagruel*, et fut vaincu par *Panurge*. » Et peu importe que Thaumaste, après sa défaite, adresse à Pantagruel les éloges qui devraient aller, normalement, à Panurge : le peuple ne s'y trompe pas qui reconnaît en Panurge le véritable vainqueur (p. 289). Thaumaste nous leurre encore quand il tente de faire croire que Panurge n'est que le disciple de Pantagruel. Le savoir du premier est d'une autre essence, et la séduction qu'il exerce sur Pantagruel donne à l'ensemble de ces chapitres une signification bien ambiguë.

● *Le savoir humaniste*

L'ambiguïté disparaît en revanche de l'ensemble imposant de chapitres qui sont consacrés, dans le second roman, à l'éducation de Gargantua (XIV à XXIV). La distribution antithétique de cet épisode (mauvaise éducation/bonne éducation) est déjà, par elle-même, un facteur de clarté. C'est maintenant — et seulement maintenant — que se réalise le programme tracé dans la grande lettre du livre précédent. On y parvient en plaçant le jeune géant sous l'autorité d'un précepteur, Ponocrates, qui faisait défaut dans l'histoire de Pantagruel. C'est lui qui veille à l'emploi du temps de l'écolier, l'introduit dans les « compaignies des gens sçavans » (p. 203), souhaitées déjà par Gargantua, et qui remplacent avantageusement, dans l'esprit du précepteur, le compagnonnage de Panurge.

Le géant est si occupé qu'il ne connaît plus aucune tentation. L'exercice conjoint du corps et de l'esprit doit former le jeune prince humaniste que les penseurs politiques de la Renaissance ne cessent de réclamer. Il ne faut perdre « heure quelconques du jour » (p. 203) si l'on veut acquérir cette somme de connaissances qui assure à l'humaniste la possession de l'espace et du temps. Cette possession par l'esprit remplace celle que les rois chimériques tels Picrochole essaient encore de s'acquérir par les armes. Le royaume de Gargantua ne sera pas la « monarchie » (conquête de l'espace). Il ne sera pas davantage à l'abri du temps, dont le premier chapitre a rappelé qu'il présidait au « transport des regnes et empires » (p. 63). Mais le futur roi connaît l'espace (géographie, botanique, sciences naturelles) et le temps (langues anciennes, histoire). La journée placée sous le regard de Dieu, auquel Gargantua s'adresse dans la prière du matin et dans celle du soir (ch. XXIII), illustre l'idéal humaniste d'une relation harmonieuse entre la foi et la connaissance.

● *La foire aux illusions*

Rabelais pourtant n'a pas totalement exclu la part des choses que représentait Panurge, et elle se glisse dans le récit de l'emploi du temps du géant, « quand l'air estoit pluvieux » (ch. XXIV). Le prétexte atmosphérique, que rien n'annonçait, permet au narrateur d'introduire son élève dans le décor urbain, qui était, dans le livre précédent, le théâtre privilégié des exploits de Panurge. Il y rencontre des artisans (et parmi eux des « alchymistes et monoyeurs »), des orateurs et avocats, des marchands de drogues et des apothicaires, enfin et surtout « les basteleurs, trejectaires et theriacleurs, et consideroit leurs gestes, leurs ruses, leurs sobressaulx et beau parler, singulierement de ceulx de Chaunys en Picardie, car ilz sont de nature grands jaseurs et beaulx bailleurs de bailliveurnes en matiere de cinges verds » (p. 221). Tout ce peuple règne par la parole et la ruse, dans la foire aux illusions. La force qui pousse Gargantua vers la ville est bien de même nature que celle qui poussait Pantagruel vers Panurge. La raison ici perd ses droits, et laisse la place à l'opinion, à l'apparence, au savoir-faire. Et, par contrecoup, le beau programme rationnel élaboré par Ponocrates perd de sa clarté.

● Les hésitations du narrateur

Le narrateur des deux premiers romans reste en fait partagé entre des appels contradictoires. Il doit raconter l'éducation humaniste d'un futur roi, et une partie de son public comprendrait mal qu'il se dérobe à cette obligation. L'autre en revanche le suit volontiers dans son exploration d'un monde louche où règnent Panurge et les charlatans. Un passage du *Pantagruel* donne la mesure de ses hésitations, puisqu'on y voit Alcofrybas suivre Panurge dans sa chasse aux pardons (ch. XVII), un Panurge triomphant et qui s'adresse sur un ton très supérieur à ce narrateur bourrelé de remords : « Mon amy, (dist-il), tu ne as passetemps aulcun en ce monde. *J'en ay plus que le Roy*. Et si vouloys te raislier avecques moy, nous ferions diables. » Panurge se heurte au refus d'Alcofrybas qui ne veut pas hanter un homme qui sera pendu un jour. Mais il a clairement exprimé le dilemme d'Alcofrybas lui-même : suivre le roi, c'est-à-dire le héros du livre, Gargantua, dût-il y trouver un plaisir moins grand que dans la compagnie d'un mauvais garçon ; ou bien suivre celui-ci, comme le fera plus tard le romancier picaresque; vivre sur ses traces dans un monde qui n'est plus ordonné ni à Dieu ni à la raison.

Les hésitations d'Alcofrybas, sensibles dans le premier roman, n'ont pas totalement disparu du second, où cependant il choisit le roi contre Panurge.

L'ASSAUT DES « MALFAISANS »

Gargantua avait prévenu son fils, et du même coup le lecteur :
il devrait un jour abandonner le « repos d'estude », « apprendre la chevalerie et les armes » pour défendre sa maison et son
peuple. La guerre est inscrite dans la structure même du
roman de Rabelais, et elle prend la forme de la lutte contre
les Dipsodes d'abord, puis de la résistance à l'invasion de
Picrochole. Elle est rendue nécessaire également par la fidélité
au modèle de l'« Institution du Prince » : après l'« essay de
son sçavoir », le prince héritier doit faire l'essai de son
courage. Si l'essai s'avère concluant, le narrateur aura démon-
tré à l'intérieur d'une fiction ce que les théoriciens politiques
de la Renaissance proposent comme idéal : l'union, en la
personne du roi, de la science et de la force.

● *Le retour*

Pantagruel quitte Paris, dès qu'il apprend la nouvelle de
l'invasion des Dipsodes : « Dont partit de Paris, sans dire
adieu à nulluy, car l'affaire requéroit diligence » (ch. XXIII,
p. 311). Dans le *Gargantua,* le retour du fils prend une forme
plus dramatique encore, puisque Grandgousier lui adresse,
par lettre, un véritable appel au secours, n'hésitant pas à
troubler son « philosophicque repous » (p. 253) pour lui
demander de l'aide. D'un roman à l'autre, Rabelais a modifié
les circonstances qui expliquent l'invasion : les Dipsodes ne
sortent de leurs « limites » qu'à cause de la nouvelle de la
« translation » de Gargantua « *au pays des Phées* » (p. 311).
Rien de tel dans le *Gargantua,* où le roi Grandgousier est
bien en vie lorsque Picrochole déclenche son attaque. Les
deux situations ont, toutefois, ceci de commun qu'elles
signifient, en fait, une vacance du pouvoir : la disparition
mystérieuse du roi laisse le champ libre à l'appétit de conquête
des Dipsodes, mais Picrochole profite aussi de la vieillesse
d'un roi que le chapitre XXVIII nous dépeint se chauffant
« les couiles à un beau, clair et grand feu », et « faisant à sa
femme et famille de beaulx *contes du temps jadis* » (p. 247).

L'invasion de Picrochole le rappelle durement à la réalité, mais il faudra pour l'assumer un roi des temps modernes : Gargantua. Les rois médiévaux rejoignent symboliquement le pays des fées ou celui des contes et laissent la place aux rois de la Renaissance.

L'urgence du devoir politique n'est pas ressentie du tout de la même façon par Pantagruel et Gargantua. Le premier ne met pas à s'embarquer pour l'Utopie la « diligence » que nous promettait le narrateur : en compagnie de Panurge, son mauvais ange, on le voit chercher pourquoi « les lieues de France estoient petites par trop » (p. 311) et trouver à cela une explication parfaitement obscène. Mais surtout, sur le point même de s'embarquer, il songe à retourner à Paris pour dire adieu à une dame qui vient de lui reprocher, par lettre, son ingratitude. Le lecteur découvre alors une part jusqu'ici inconnue de l'existence du héros : sa vie amoureuse, dont les exigences apparaissent diamétralement opposées à celles de la vie héroïque. Gargantua ne connaît pas de telles hésitations : accompagné de ses fidèles Ponocrates, Gymnaste et Eudémon, il sort de Paris, « soubdain les lettres de son pere leues » (ch. XXXIV, p. 283), et se hâte vers le château de Grandgousier. L'exclusion de Panurge assure l'unité d'un groupe de compagnons, où aucune voix ne s'élève à l'encontre du devoir. Le second roman semble bien être, jusque dans sa structure, le roman de l'ordre et du roi.

● *Le héros et son double*

Le récit de la guerre reste le grand sujet du roman de chevalerie comme de l'épopée. Il flatte les goûts d'un public qui, souvent encore, ne vit que pour elle. Mais le public de Rabelais ne ressemble guère à celui qui écoutait les récits des chansons de geste, et il ne peut se satisfaire, par ailleurs, des exploits réitérés d'un géant invincible. La guerre rabelaisienne exprime, dans la complexité de ses structures, celle du groupe pour lequel écrit Rabelais.

Ce n'est pas un seul personnage qui retient l'attention du narrateur, ni dans le premier, ni dans le second roman, mais un couple : Pantagruel-Panurge, puis Gargantua-Frère Jean.

Chaque action de Pantagruel est suivie d'une action de son ombre : au trophée érigé par le géant en mémoire d'une prouesse répond celui dressé par Panurge « en mémoire des levraulx » (ch. XXVII). Après l'exploit de Pantagruel dans son combat singulier contre Loup-Garou vient le récit de l'exploit, très singulier, de Panurge ressuscitant Épistémon (ch. XXIX-XXX). Le récit obéit ainsi à une loi très simple au nom de laquelle les prouesses du héros non-officiel suivent toujours celles du héros officiel.

Le *Gargantua* présente un système plus complexe, dans la mesure où, pendant un certain temps, Gargantua et Frère Jean opèrent sur des théâtres d'action séparés (à la différence de Pantagruel et Panurge réunis en un même lieu). Frère Jean entre en action, au chapitre XXVII, dans le clos de l'abbaye de Seuillé, alors que Gargantua n'a pas encore quitté Paris. L'ironie du sort (ou du narrateur) veut même que ce ne soit pas le géant, mais l'un de ses compagnons, Gymnaste, qui rencontre le premier les ennemis lors du retour vers son pays (ch. XXXIV). Gargantua n'accomplit son premier exploit militaire que lors de l'attaque du château du Gué de Vède (ch. XXXVI), précédé à la fois par Frère Jean et par Gymnaste. La « jonction » entre le groupe de Gargantua et le moine, opérée au chapitre XXXIX, ne met nullement un terme au récit des exploits solitaires de celui-ci : victime de son courage, Frère Jean est fait prisonnier lors d'une poursuite, et le récit, une fois de plus, délaisse Gargantua, pour s'intéresser à lui et au nouvel exploit dont il est l'auteur (ch. XLIV). Frère Jean ne sera vraiment intégré à l'armée de Gargantua que lors de l'attaque décisive contre Picrochole (ch. XLVIII), mais cette intégration n'est pas totale, puisque le narrateur nous le montre opérant avec quelques troupes un mouvement tournant au terme duquel il assure la victoire du roi qu'il rejoint enfin.

Frère Jean mène ainsi, sur les marges de la guerre picrocholine, une existence très individualiste, ne rejoignant Gargantua et sa vision du monde qu'après de multiples détours, et peut-être, on le verra, au prix d'un malentendu.

• La force, la ruse, la grâce

Pour que la guerre devienne une véritable épreuve, il faut que le roi perde les privilèges du géant. Cette mutation s'accomplit du premier au second roman. Pantagruel n'est encore qu'un géant opposé à d'autres géants. Son combat, proche des récits des Chroniques gargantuines, prend par ailleurs une dimension mythique : le principe du Bien qu'il représente s'oppose à celui du Mal incarné par Loup-Garou. Pantagruel ne triomphe finalement de son adversaire qu'en implorant, dans une belle prière évangélique, le secours de Dieu. Il rappelle ainsi les héros chrétiens des chansons de geste qui combattaient pour la foi contre des infidèles ne jurant que « par Mahom » (Mahomet).

Les pensées de Pantagruel au cours de la guerre sont loin cependant d'être totalement orientées vers Dieu. Au cœur même du combat décisif, c'est à Panurge qu'il songe : « Ha, Panurge, où es-tu ? » Panurge retrouve ici la fonction qui était la sienne dans les chapitres sur l'éducation du géant. Il est l'homme aux mille tours, celui qui peut par des moyens humains, ou diaboliques, venir au secours du héros, le génie inventif qui a déjà fait ses preuves lors du combat contre les six cent soixante chevaliers, qu'il a défaits « bien subtilement » (ch. XXV). Il est aussi beaucoup plus que l'incarnation de la ruse, car toutes les fois où Pantagruel s'adresse à lui, il lui confère des pouvoirs qui n'appartiennent qu'à Dieu, comme celui de ressusciter les morts : ce que fait Panurge dans l'une des dernières scènes du livre où il ramène à la vie Épistémon et parodie les paroles grâce auxquelles le Christ console les affligés : « Enfans ne pleurez goutte » (p. 385). Panurge thaumaturge, mais dont la science puise à une source inconnue, peut-être même interdite.

• Diableries

Dans le second livre, la métamorphose du géant en homme est pratiquement achevée. Gargantua ne compte plus guère sur sa force, et c'est à peine si quelques épisodes (p. 295 et p. 297) viennent la rappeler au lecteur. Dans l'assaut victo-

30

rieux contre La Roche-Clermauld (ch. XLVIII) il ne possède plus aucune prérogative gigantale. La métamorphose concerne aussi ses adversaires puisqu'il trouve en face de lui des hommes qui renvoient aux ténèbres gothiques les Loups-Garous et autres géants monstrueux. Le monde tel que le voit Gargantua ne possède aucune épaisseur mystérieuse. Il s'ordonne selon les calmes certitudes de l'humanisme et de la politique royale. Le comportement des deux rois (Grandgousier et Gargantua) s'inspire à la fois des préceptes de l'évangélisme (foi absolue en Dieu, et amour des autres même quand ils sont égarés) et de ceux de la raison. C'est une raison royale qui assure finalement le triomphe de Gargantua, supérieur à son adversaire grâce à son organisation, sa méthode, son jugement.

Le mystère et les diables n'existent que dans l'imagination en délire de Picrochole, qui les voit partout et à chaque instant : l'exercice de haute voltige auquel se livre Gymnaste (ch. XXXIV et XXXV) égare le roi de Lerné qui déguise ses soldats en les affublant d'une étole et les asperge d'eau bénite pour mieux résister aux créatures du démon.

Parodié par Picrochole, le surnaturel n'est plus une dimension du monde. Seules restent en présence la raison et la folie. Mais il fallait pour consacrer le triomphe de la raison que le récit présente au lecteur l'histoire de quelques « conversions ». C'est pourquoi le narrateur introduit le personnage de Toucquedillon, qui abandonne finalement Picrochole à ses songes et se rallie à la claire raison du roi. C'est pourquoi aussi Rabelais a imaginé l'admirable épisode des pèlerins.

● Les pèlerins

Ils apparaissent et disparaissent au gré, semble-t-il, de la fantaisie du narrateur, mais leurs entrées et sorties restent minutieusement réglées. Perdus dans cette guerre dont ils ignorent tout, ils connaissent, dans un camp comme dans l'autre, les épreuves les plus extrêmes. À peine ont-ils échappé à l'appétit de Gargantua, qui voulait les manger avec sa salade (ch. XXXVIII), qu'ils manquent d'être noyés par l'urine du géant, et qu'ils tombent dans un trou. Découverts par les soldats de Picrochole, et proprement ficelés par eux (ch. XLIII), ils ne doivent leur délivrance qu'au courage de Frère Jean (ch. XLIV), qui les ramène vers Grandgousier. Leurs errances et leurs erreurs prennent fin quand celui-ci leur adresse la parole et leur enseigne le chemin qu'ils doivent suivre pour plaire à Dieu et au roi. Ils abandonneront les pèlerinages inutiles et dangereux et s'intégreront à la vie de la nation en accomplissant exactement leur devoir d'état. Leur erreur était analogue à celle des moines de Seuillé, tout aussi étrangers qu'eux au monde et à l'histoire. Leurs silhouettes farfelues appartiennent à un monde sans pesanteur, auquel ils n'échappent que par la grâce d'une parole royale, qui a manqué à Picrochole. Mais leur conversion illustre bien le changement d'optique qui s'opère dans le *Gargantua* : c'est le roi, interprète de Dieu, qui les sauve de leurs erreurs, et non Dieu lui-même. Le salut prend donc une forme laïque, et la guerre picrocholine devient bien autre chose qu'une guerre : l'occasion de jeter les bases d'un ordre nouveau, dominé par la figure du roi.

L'ORDRE NOUVEAU

Dans les derniers chapitres de ses romans, la tâche du narrateur est double : donner une conclusion « logique » au récit de la guerre ; proposer une image de la société qui ne soit pas simplement le retour à l'état de choses initial. Quatre chapitres lui suffisent dans le *Pantagruel,* mais il lui en faudra le double dans le second roman, preuve supplémentaire de l'importance accrue du problème politique.

• *L'ailleurs*

Le triomphe de Pantagruel retient quelque temps l'attention du narrateur, qui raconte son entrée dans la « ville des Amaurotes » et la liesse des habitants. Le retour de la paix est assimilé — lieu commun de l'époque — au « renouvellement du temps de Saturne » (ch. XXXI, p. 401). Mais le roi refuse d'en savourer les délices puisqu'il invite son peuple à prendre d'assaut, sous sa conduite, « tout le Royaulme des Dipsodes ». Cette conquête, racontée dans les premiers chapitres du *Tiers Livre*, est une entreprise de colonisation qui ne se déguise même pas et qui contredit les principes de l'évangélisme politique adoptés deux ans plus tard par Rabelais. Mais la conquête de la Dipsodie représente aussi l'espoir d'une terre promise, comme semble l'indiquer la comparaison entre les Pantagruélistes et les « enfans d'Israël » au moment où ils se préparent à franchir la Mer Rouge (p. 403). Tout se passe comme si les rêves de Pantagruel se dirigeaient vers un « ailleurs », où existerait vraiment la plénitude du bonheur.

● *Le monde à l'envers*

C'est aussi vers un ailleurs que se dirige la pensée d'Épistémon et de Panurge, les deux acteurs principaux de ces derniers chapitres, mais un ailleurs d'un genre très différent. Il prend la forme des « Champs Élisées », d'où revient Épistémon ressuscité par Panurge. Il en rapporte l'image d'un monde renversé, puisque, dans cet au-delà qui ne doit que son nom à la tradition antique, « ceulx qui avoient esté gros seigneurs en ce monde icy, gaingnoyent leur pauvre meschante et paillarde vie là bas. Au contraire les philosophes, et ceulx qui avoient esté indigens en ce monde, de par delà estoient gros seigneurs en leur tour » (ch. XXX, p. 393-395). La justice n'est donc réalisée que par l'invention d'un monde utopique qui est exactement l'envers de celui-ci. Si le thème est burlesque et permet à Alcofrybas d'exercer sa verve aux dépens des puissants de ce monde maintenant humiliés, il n'ouvre aucune perspective réellement nouvelle.

Panurge, pour sa part, décide d'anticiper sur le sort qui attend les rois aux enfers, et se fait l'instrument de la dégradation d'Anarche, auquel il fait subir tous les affronts. Une scène, d'inspiration carnavalesque, présente le roi déchu, affublé, par les soins de son « tortionnaire », d'un pourpoint déchiqueté, et obligé de gagner sa vie comme crieur de « saulce vert ». Panurge, héros négatif, ne peut être porteur d'une image différente de la société. Une fois de plus, il va sur les brisées de Dieu, qui « renverse les puissants de leur trône », et refuse d'attendre le Jugement Dernier pour connaître leur châtiment.

● L'idéal thélémite

Thélème n'échappera pas non plus à la logique du renversement. Celle-ci intervient dans la présentation de l'« anti-abbaye », où les vœux existent toujours, mais vœux de richesse, de liberté, et, dans une certaine mesure, de mariage (ch. LII, p. 397) ; où l'on s'applique à supprimer tout ce qui pourrait rappeler les couvents ordinaires, parce que, dans les premiers chapitres surtout, on ne pense qu'à édifier l'antithèse de l'abbaye.

L'abbaye, cependant, laisse progressivement la place à un château, où sont invités les « nobles chevaliers », les Évangéliques et les « dames de hault paraige » (p. 409). L'ambition de Gargantua est de constituer, au sein d'une société indifférente ou hostile, un havre de paix, d'élégance et de sagesse. Il désigne comme adversaires non seulement les hypocrites, les juges, les maris jaloux et les vérolés, mais aussi les « usuriers chichars », et tous ceux qui, à l'époque de la Renaissance, se sont laissé séduire par l'appât du gain. La nature de ces exclusions donne à l'abbaye de Thélème le visage d'une utopie aristocratique, beaucoup plus tournée vers le passé que vers l'avenir, ce que rend encore sensible le vocabulaire parfois allégorique emprunté au *Roman de la Rose*. Thélème s'avère donc incapable d'accueillir, comme font les véritables utopies, l'ensemble des groupes sociaux et de les unir autour d'un même projet.

● Oublier Thélème

Frère Jean recevait Thélème, tout comme les principaux lieutenants de Gargantua avaient reçu auparavant (fin du ch. LI) des châteaux et des terres en récompense de leurs loyaux services. Ils devenaient ainsi les obligés du roi, qui les avait, dans le même chapitre, chargés de cadeaux. Mais Frère Jean n'habite pas l'abbaye qu'on lui a destinée : comment pourrait-il trouver sa place dans un monde qui a exclu totalement la sexualité et qui l'a remplacée par les délices de la courtoisie ? L'absence de Frère Jean signale l'échec de Gargantua au moment le plus important de son projet politique : le moine lui échappe, retrouve une liberté qui avait disparu quand il avait rejoint le groupe des gargantuistes. Les itinéraires personnels de Frère Jean étaient donc bien dans la manière d'un personnage qui refuse implicitement de s'intégrer à l'ordre imaginé par le roi. Comme par hasard, le lecteur le retrouve dans les ultimes répliques du dernier chapitre, où il s'oppose à l'interprétation dramatique de l'énigme, telle que l'explique Gargantua. Les derniers mots du roman : « Et grand chere » sont pour lui, et il renoue par leur intermédiaire avec le manger et le boire (et le sexe qui leur est associé), présents dans les intervalles de la guerre picrocholine, mais totalement absents de la vie immatérielle des Thélémites.

Ceux-ci ne refusent pas seulement le monde médiéval, mais aussi et surtout le nouveau monde économique de la Renaissance, dominé par l'échange, la libre initiative, et l'attrait des richesses. Dans cette abbaye somptueuse, et richement dotée par Gargantua, les monnaies possèdent des noms célestes (« escuz au soleil », « à l'estoille poussinière », p. 399), et les senteurs des noms de rêve (« eau rose, eau de naphe, eau d'ange », p. 415). Les ombres heureuses des Thélémites possèdent l'aisance de celles qui hantent les Champs Élysées du mythe, modèle inconscient peut-être de ces chapitres fameux. Une harmonie préétablie exclut toute rivalité et tout conflit entre les libertés individuelles. Le désir a disparu, et avec lui l'inquiétude de l'avenir, et la mémoire du passé. Thélème reste bien un couvent, c'est-à-dire un lieu où l'on refuse le monde. On fuit l'argent, le désir et le corps, comme l'on fuyait le péché pour se donner à Dieu. Le Dieu des Thélémites n'est pas celui qu'annoncent encore les prêcheurs évangéliques que l'abbaye recueille (à qui peuvent-ils bien l'annoncer puisqu'ils se sont repliés dans ce refuge ?), mais un idéal de vie que condamne toute l'évolution économique, sociale et politique.

Il ne faudra donc pas s'étonner si, dans le développement de l'œuvre rabelaisienne, Thélème n'est qu'une étape ou une illusion, engendrée par un rêve de repos. Dans les livres suivants, ceux qui ont identifié la vie au mouvement et à l'inquiétude reprendront l'initiative : Panurge et Frère Jean. Ils laissent derrière eux, sans jamais se retourner vers lui, ce refuge où un roi a voulu laisser les signes de son pouvoir, et où se sont recueillis les admirateurs du passé. Et ils entraîneront dans les consultations sans fin du *Tiers Livre* et les navigations du *Quart Livre* un géant devenu enfin un homme : Pantagruel, à la recherche d'une réponse à la question de la vérité. Les trois derniers livres seront ceux du monde réel, et de l'homme réel, en proie au doute, à l'inquiétude, et à l'ambiguïté.

La représentation romanesque

Le lecteur des *Grandes Chroniques* ne reconnaissait certainement pas son livre préféré quand il avait achevé la lecture du *Pantagruel* et du *Gargantua* : l'histoire elle-même s'écartait du chemin que lui traçait son modèle, incluait des épisodes et des personnages que rien ne permettait de prévoir, refusait l'allure linéaire à laquelle le roman populaire avait habitué son public. Mais la surprise du lecteur n'était pas moindre face à la manière dont Rabelais construisait la représentation romanesque. Ce que Rabelais a peut-être de plus révolutionnaire (pour son temps, et encore pour le nôtre), c'est l'émancipation de la vision et de l'écriture.

LE VRAI ET LE VRAISEMBLABLE

● *L'ouï-dire*

Dans ses prologues, Alcofrybas demande expressément la confiance de son lecteur : ce qu'il écrit est vrai, et il se donne à tous les diables au cas où il mentirait en toute l'histoire « d'un seul mot » (*Pantagruel*, Prologue). Protestations de véracité et serments (d'ivrogne) reviennent plus d'une fois dans le texte, notamment quand le narrateur exige la croyance en un fait invraisemblable, comme la naissance merveilleuse de Gargantua (*Gargantua*, ch. VI).

D'où lui vient cette belle assurance ? de la relation qu'il établit entre son livre et la réalité : il écrit ce qu'il a vu (« Quod vidimus testamur[1] », *Pantagruel*, Prologue, p. 41). Son livre est donc un témoignage, et l'auteur un témoin

---

1. « Notre témoignage est celui de témoins oculaires » (trad. G. Demerson).

d'autant plus crédible, assure-t-il, qu'il a servi son maître Pantagruel, dès qu'il fut « hors de page » (ibid.) jusqu'à l'heure où il écrit ce livre. Pour mieux authentifier cette relation avec le géant, il arrive à Alcofrybas de s'introduire dans le roman où il se montre en compagnie de Pantagruel, comme au chapitre XXX du premier livre.

Cette façon de procéder parodie, bien sûr, les protestations de véracité que l'on pouvait trouver, à cette époque, dans les textes littéraires. En se présentant comme serviteur d'un géant (personnage imaginaire), Alcofrybas ruine l'autorité qui était accordée au témoignage direct. Quant au témoignage indirect (l'ouï-dire), il perd tout crédit dans la mesure où il est le véhicule des fables les plus absurdes : ainsi, de cette naissance de Gargantua par l'oreille de sa mère.

Au-delà de la parodie, le narrateur s'arroge des droits tout nouveaux sur sa création. Si rien n'est impossible à Dieu (*Gargantua*, ch. VI, p. 101), rien n'est impossible à un narrateur qui règne sur son œuvre aussi souverainement que Dieu sur le monde. Si bien que la formule qui préserve la possibilité des miracles, et à laquelle croit Rabelais l'évangélique, permet à Rabelais narrateur de faire exactement ce qui lui plaît de son œuvre. Ses miracles à lui, ce seront les ruptures de l'ordre naturel de l'histoire, ses coups de force, ses surprises. Telle est la manière, souverainement désinvolte, de cette nouvelle littérature.

● Des histoires de géants

En donnant une suite aux *Grandes Chroniques,* le narrateur s'oblige à respecter les habitudes, réelles ou supposées, de son public. Celles-ci concernent à la fois la manière de raconter une histoire, le « caractère » des personnages et leurs relations. Le vraisemblable est d'abord « ce qui est conforme à l'opinion du public », et l'on a remarqué à juste titre le caractère contraignant des systèmes de vraisemblance « dans des genres populaires, tels que le roman policier, le feuilleton sentimental, le western[1] ». Genre populaire, les *Chronicques gargan-*

1. G. Genette, « Vraisemblable et motivation », *Communications,* n° 11, p. 7.

tuines n'échappent pas à ces contraintes, et c'est dans le statut du géant que se marque le mieux la différence entre Rabelais et son modèle.

Le géant était « vraisemblable » dans la mesure où il restait fidèle à son rôle ; il devait étonner par sa taille, son appétit et ses exploits. Il chevauche donc une jument énorme qui, de quelques coups de queue, abat tous les arbres de la Beauce ; il vole sans aucun effort les cloches de Notre-Dame (*Gargantua,* ch. XVII), arrache un arbre en se jouant (*ibid.,* ch. XXXVI), confond les boulets de canon avec des « grains de raisin ». Et comme le géant des *Grandes Chroniques* rappelle celui du folklore, il faut aussi que son déluge urinal fasse de lui le dieu des sources d'eau chaude (*Pantagruel,* ch. XXXII).

Tous ces éléments sont parfaitement « vraisemblables ». Ce qui l'est moins, ce sont les variations de taille du géant. Comment peut-il à la fois s'installer, tout à son aise, en haut des tours de Notre-Dame (*Gargantua,* ch. XVII), et s'introduire, les jours de pluie, dans les petites boutiques des « lapidaires, orfèvres et tailleurs de pierreries » (*Gargantua,* ch. XXIV, p. 219) ? Comment peut-il parler commodément à des pèlerins, qui, l'instant d'avant, avaient failli disparaître, comme dans un gouffre, dans l'une de ses dents creuses ? On a parlé, à ce propos, de « gigantisme momentané[1] », et l'expression rend bien compte du caractère infiniment variable des relations du géant avec son environnement. Quand le géant s'entretient avec ses précepteurs ou avec Panurge, rien ne vient rappeler une taille qui normalement s'oppose à cette communication. Mais qu'un épisode de l'histoire exige le retour à cette taille gigantesque, et le narrateur la rétablit immédiatement. C'est ce qui se passe à l'arrivée de l'Anglais Thaumaste qui sursaute en découvrant Gargantua « si grand et si gros » (*Pantagruel,* ch. XVIII, p. 253), rappel d'une donnée physique que le lecteur avait presque oubliée. Swift, en revanche, adoptera dans son œuvre la perspective de Gulliver, pour qui les géants sont toujours des géants, et les lilliputiens des lilliputiens.

1. Expression d'A. Thibaudet.

● L'« autre monde » et le monde autre

Il serait facile d'expliquer par le plaisir de la gratuité les inconséquences et les volte-face de la narration. On mesurera mieux la nouveauté de cette représentation romanesque en faisant remarquer, avec E. Auerbach, qu'elle engendre, chez le lecteur, une profonde insécurité, puisque celui-ci ne peut, à aucun moment, « se reposer à un niveau de réalité qui lui serait familier[1] ». Son « équilibre psychique » s'en trouve bouleversé à l'inverse de ce qui se passait dans l'univers parfaitement stéréotypé et « certifié conforme » des *Grandes Chroniques*.

Le géant, à coup sûr, est l'un des moyens privilégiés de cette mise en question, qui n'épargne aucune des représentations communes. Elle donne son humour philosophique au chapitre célèbre où le narrateur explore la bouche de son héros (*Pantagruel*, ch. XXXII). Rabelais ne cède pas longtemps ici à la tentation de l'étrange et du merveilleux. Si les pigeons entrent « à pleines volées » dans la bouche du géant (comme il se doit), cet autre monde ressemble, comme un frère, au nôtre, et c'est ce qui étonne le plus Alcofrybas : un homme y plante des choux, comme en Touraine, et pour lui, l'ancien monde, c'est bien celui où il habite, et non celui d'où vient Alcofrybas. Comment ne pas songer à la découverte de l'Amérique, et à ces récits d'exploration qui sacrifiaient parfois trop facilement à la mode de l'exotisme ? Rabelais veut faire ainsi l'éducation du lecteur, et celle-ci commence par le refus de toutes les formes de paresse intellectuelle. A ceux qui pensent que la France est la France, et l'Amérique l'Amérique, l'humour d'Alcofrybas propose une France qui pourrait bien être américaine, et une Amérique qui serait également française.

● L'espace romanesque

Cette mise en question exige une profonde transformation de l'espace romanesque, qui d'ailleurs ne se fait pas d'un seul coup chez Rabelais. Dans le *Pantagruel*, Gargantua habite

---

1. *Mimesis,* trad. française, Paris, Gallimard, 1968, p. 275.

encore un espace réservé, auquel Rabelais a donné le nom d'Utopie. C'est de là qu'il écrit à son fils la grande lettre du chapitre VIII, et il ne quittera cet espace que pour son annexe légendaire, le « pays des Phées » où le transporte Morgue au soir de sa vie (ch. XXIII). Pantagruel, en revanche, quitte l'Utopie qui semblait affectée aux géants pour visiter le monde des hommes et son tour de France le conduit jusqu'à Paris. Il établit ainsi une communication nécessaire entre les deux mondes, et dès lors c'est un même lieu, Paris, qui accueille à la fois les géants et les hommes. Rien n'est plus étranger à cette représentation romanesque que le cloisonnement, et ce n'est pas un hasard si celui-ci deviendra, dans les îles du *Quart Livre*, le signe même de la fermeture intellectuelle, voire de la folie.

L'Utopie elle-même, royaume de Gargantua, est loin de ressembler à une « réserve » de géants. On y rencontre les artisans qui fabriquent le « poilon » de l'énorme nourrisson, et ils viennent de « Saumur en Anjou, de Villedieu en Normandie, de Bramont en Lorraine ». Étrange espace, en vérité, que le chapitre II (p. 59) nous invitait à situer plutôt du côté de l'Afrique, terre des merveilles dans l'imaginaire collectif, et qui se trouve soudain si proche des plus vieilles provinces françaises. Il faut bien qu'il le soit puisque Pantagruel, sans prendre le moindre navire, arrive tout naturellement à Poitiers (ch. II) pour commencer ses études.

Toute référence à l'Utopie a disparu du second roman : Gargantua règne sur un territoire tourangeau, dont la capitale est la Roche-Clermauld, et Rabelais a multiplié, surtout dans la guerre picrocholine, les noms de lieux, pris à la topographie chinonaise. Les rois-géants ne visitent plus les espaces qui furent encore les leurs dans le *Pantagruel*, sauf Grandgousier à l'occasion d'une expédition africaine contre les Canariens (ch. XIII et L). Un seul personnage rêve d'échapper à la clôture du Chinonais, et c'est Picrochole. Son délire géographique (ch. XXXIII) le conduit en imagination vers les terres promises de l'Orient, puis de l'Europe du Nord, qu'il voit déjà conquises. Délire totalement livresque que le sien, où se succèdent les cartes postales et les « chromos » : colonnes d'Hercule, chevaliers de Rhodes, temple de Salomon. Picrochole est un roi qui a lu beaucoup trop de récits de voyage et qui pense, contrairement à Rabelais, que voyager c'est trouver forcément du nouveau, de l'étrange, de l'insolite.

Rabelais n'offre donc à l'imagination de son lecteur qu'un espace familier (Paris et la Touraine), où se déroulent cependant des scènes qui échappent à la représentation mentale. Impossible d'imaginer et de « voir » les « deux mille cinq cens hommes d'armes, soixante et six mille hommes de pied, vingt et six mille arquebuziers » (*Gargantua*, ch. XLVII, p. 367) qui s'entassent dans les petits chemins creux qui montent vers la Roche-Clermauld. Impossibilité calculée par un romancier qui refuse consciemment le secours de la représentation et de la référence géographique.

● *« Le pays de Thélème, jouste la rivière de Loyre »*

Il n'est pas davantage possible de situer Thélème, le rêve raisonnable après le rêve fou de Picrochole. Elle a beau se trouver « jouste la rivière de Loyre, à deux lieues de la grande forest du Port Huault » (ch. LII, p. 393), le nom qui la désigne, « Thélème », n'appartient pas à la même catégorie que les noms de châteaux des bords de Loire. Nom symbolique (« volonté » ou « désir », dans la langue du Nouveau Testament), il fait partie de ces noms de lieux qui sont privés de tout référent géographique. Thélème est donc à la fois un pays de la Loire et le pays de l'ailleurs. Pour y accéder, il n'est pas nécessaire d'accomplir un long voyage dans l'espace, comme c'est encore le cas pour les cités imaginaires que les utopistes bâtissent aux confins du monde habité (Thomas More). Autre manière de dire qu'il n'y a pas de lieu privilégié (Amérique, Orient) offrant à l'homme tous ses désirs réalisés. Mais Thélème est un ailleurs philosophique, dont la route demeure quelque peu mystérieuse : comment aller dans ce château, à la fois totalement visible et totalement invisible, puisqu'il demande à ses hôtes les yeux d'une certaine foi ?

Rabelais défait ainsi le lien qui existait encore entre le récit de voyage et la construction utopique ; mieux que par n'importe quel dépaysement géographique, il tente de définir l'utopie par son trait essentiel : la rupture avec la vision ordinaire des choses.

LE SYSTÈME DES PERSONNAGES

Le lecteur de Rabelais, privé des certitudes offertes par les représentations habituelles, comptait peut-être sur les personnages pour retrouver un monde à la fois plus familier et plus constant. Certains, figurant déjà dans les *Grandes Chroniques* (Grandgousier, Gargantua, Gargamelle) ou dans la légende médiévale (Pantagruel est le nom d'un petit diable des Mystères, qui assoiffait les gens), lui sont connus. Et il pouvait espérer que Maître Alcofrybas ne prendrait pas trop de libertés avec ceux qu'il invente.

● *Le plaisir des noms propres*

Autour des personnages connus, qui, dès le titre, attirent sur eux l'attention du lecteur, grouille, chez Rabelais, une foule de personnages nouveaux. Le plaisir de l'écriture, chez l'auteur du *Pantagruel* et du *Gargantua*, se marque aussi dans le plaisir des noms propres, certains repris à la tradition, d'autres imaginés par le narrateur. Parmi les premiers figurent les noms des géants, et ceux que Rabelais a empruntés à l'histoire pour signifier, comme dans les textes médiévaux, une vertu ou un vice : Moïse et Jules César sont ainsi, au chapitre XLVIII, les exemples de l'alliance nécessaire entre la clémence et la sévérité. Les noms propres fourmillent aussi dans les références pseudo-scientifiques que le narrateur ne manque jamais de donner à l'appui de ses dires et surtout des plus farfelus. Il faut huit autorités (Hippocrate, Pline, Plaute, Marcus Varron, Censorinus, Aristote, Gallius, Servius) et « mille aultres folz », dont on nous fait grâce, pour faire admettre l'idée d'une grossesse de onze mois (*Gargantua*, ch. III). Les noms propres ne sont ici que les autorités burlesques d'un discours mystificateur.

Le plaisir du narrateur se donne libre cours dans l'imagination linguistique des noms nouveaux : Frère Jean des Entommeures, Panurge, Picrochole, Thubal Holopherne, Janotus de Bragmardo, constituent autant d'étonnantes trouvailles. Mais Rabelais, pas plus qu'un romancier moderne, ne cède ici au plaisir de la gratuité. L'attention qu'il porte aux noms de ses personnages, provient du désir de les « motiver », le nom propre étant en quelque sorte « l'impératif catégorique du personnage[1] ». Pour y parvenir, Rabelais utilise une gamme presque infinie de procédés. Les plus simples sont ceux que lui donne l'étymologie, sous sa forme savante, ou sous sa forme populaire. Ponocrates, Épistémon, Eusthénès, Gymnaste, Picrochole possèdent ainsi des noms totalement transparents, pour les lettrés, et d'autant plus commodes qu'ils viennent de la langue « internationale » de la culture : le grec. Mais il en va de même des noms issus de la langue populaire et qui sont presque tous, chez Rabelais, des sobriquets : « Trepelu » le loqueteux, les « ducs de Tournemoule, de Basdefesses et de Menuail », « le prince de Gratelles et le vicomte de Morpiaille » (*Gargantua*, p. 263) composent un groupe de lieutenants grotesques tels que les réclame la parodie de l'épopée.

Plus subtils sont les moyens utilisés par le narrateur pour composer, par exemple, les noms de Janotus de Bragmardo et de Frère Jean des Entommeures. Le premier annonce, par sa longueur même, un personnage important. Mais, sous la forme latine « Janotus », on reconnaît un prénom très commun et très médiéval : « Janot ». Le sérieux que doit avoir un maître de la Faculté de Théologie se trouve d'autre part perfidement démenti par le radical « bragmard » qui possède toujours chez Rabelais une signification obscène. Quant à Frère Jean, le lecteur devine dans le nom qu'il porte (« Entommeures ») le plaisir qu'il trouve dans les hachis (« entamures »), ceux de la cuisine, mais aussi ceux de la guerre.

● *Noms et programmes*

Le lecteur se sert de ces noms pour « prévoir » les personnages, qui confirment le plus souvent ces prévisions dans leurs paroles et leurs gestes. Certaines se trouvent autorisées par un commentaire explicite du narrateur au moment même où le nom est imposé à un personnage. Pantagruel doit le sien à la

1. Léo Spitzer, *Études de style*, Paris, Gallimard, 1970, p. 222.

sécheresse exceptionnelle que connaît son pays au moment de sa naissance : « Car Panta, en grec, vault autant à dire comme tout, et Gruel, en langue Hagarène, vault autant comme altéré, voulent inférer que à l'heure de sa nativité, le monde estoit tout altéré » (*Pantagruel,* ch. II, p. 65). Dans l'esprit de son père, qui lui donne ce nom, celui-ci possède aussi, comme souvent au Moyen Age, une valeur prophétique : « voyant, en esprit de prophetie, qu'il seroit quelque jour dominateur des altérez » *(ibid.).* Mais de quelle royauté et de quelle soif s'agit-il au juste ? Pantagruel est-il le maître d'une confrérie de joyeux buveurs ? ou bien celui des hommes qui ont « soif » de la vérité ? L'imposition du nom, loin de fixer ici l'identité exacte du personnage, ouvre l'espace des interprétations.

La soif de Gargantua, manifeste dès son premier cri (ch. VII), n'est pas moins ambiguë, et le nom qu'on donne à l'enfant peut annoncer, comme dans le premier livre, la soif du corps ou celle de l'esprit. Les scènes où apparaît le géant illustrent tour à tour, ou simultanément, ces deux significations. L'interprétation humaniste trouve ici une certaine justification, puisqu'elle se propose de voir, en la personne des géants rabelaisiens, l'heureux épanouissement du corps et de l'esprit. Elle élude cependant certaines difficultés, car l'appétit intellectuel semble, en bien des cas, s'imposer contre l'autre et inversement.

Les géants ne sont donc jamais aussi simples que semble l'annoncer leur nom. S'ils possèdent une relative identité, elle est due à un système d'oppositions, schématique mais efficace, avec d'autres personnages, et à leur rôle dans la fiction.

• Antithèses ?

Rabelais s'inspire directement des techniques éprouvées du roman populaire en opposant un camp des « bons » à un camp des « méchants » : Pantagruel contre Anarche, Gargantua contre Picrochole. Ce sont les rois barbares ou fous qui mettent en relief l'humanité et la raison des rois-géants. Le combat qui les oppose n'est donc pas seulement un élément de l'histoire : il permet de compléter l'information que nous avions sur les géants.

L'antithèse s'étend aux compagnons des géants eux-mêmes : le sage Ulrich Gallet s'oppose au violent Hastiveau ; les bergers de Gargantua, simples et amicaux, aux fouaciers de Picrochole, violents et vindicatifs (*Gargantua*, ch. XXV). Ces belles symétries organisent la matière romanesque et ne laissent planer aucun doute sur les valeurs morales et philosophiques engagées dans le conflit. On ne peut appartenir à deux camps à la fois, mais seulement, comme Touquedillon, gagné par la générosité de Gargantua, quitter le camp du Mal pour celui du Bien (ch. XLVII).

Un personnage vient déranger cette belle ordonnance : Panurge. Il fait partie de la suite de Pantagruel, dont il porte la livrée à partir du chapitre XV, mais sa complexité le sépare de ceux qui n'incarnent, autour du géant, qu'une série de qualités. De lui nous ne connaissons d'abord que les défauts : « malfaisant, pipeur, beuveur, bateur de pavez, ribleur, s'il en estoit à Paris ; au demeurant, le meilleur filz du monde » (*Pantagruel*, ch. XVI, p. 227). Mais le plus surprenant est que Pantagruel, destiné à être le héros du Bien, se prenne d'amitié pour un personnage qui vient de régions indécises, sans autre état civil qu'un nom, « Panurge », qui dit à la fois tout et rien. Panurge, à l'aise dans tous les milieux, ceux des savants comme ceux des ivrognes, détruit la construction schématique des romans populaires. Il fait planer un doute sur l'existence et le contenu des notions ordinaires : le Bien et le Mal, et sur le personnage de Pantagruel lui-même.

● *Surface et profondeur*

Les noms propres, et en particulier les sobriquets, ont pour mission de livrer au lecteur l'être même du personnage qu'il rencontre, la tâche de celui-ci étant, d'une certaine manière, de justifier son nom. D'une manière plus générale, chez les personnages rabelaisiens, l'être et le paraître coïncident, et les « fausses pistes » sont rares : peu ou pas de faux indices, de suspenses, de retards d'information, brouillant, masquant ou différant une vérité sur l'être des personnages. Dès les premiers mots qui le présentent, Picrochole est ce qu'il restera : un «cholérique» (ch. XXVI, p. 231). Frère Jean ne démentira jamais le portrait que brosse de lui le narrateur lors de l'attaque du clos de Seuillé (ch. XXVII, p. 237).

Seuls deux personnages semblent vouloir faire aller le lecteur d'une surface à une profondeur : Socrate et Panurge. Héros philosophique du prologue du *Gargantua,* le premier échappe à ceux qui le voient «au-dehors» et qui l'estiment «par l'exterieure apparence» (p. 55) : ils le méconnaissent et n'en donnent qu'«un coupeau d'oignon». Il faut donc «ouvrir» Socrate, comme on ouvre les fameux silènes, petites boîtes d'apparence grotesque, mais contenant à l'intérieur des drogues très précieuses, l'ouvrir pour découvrir ce qu'il cache aux regards trop pressés : «entendement plus que humain, vertus merveilleuse...», etc. (p. 57). L'apparence de Socrate ne serait donc qu'une mauvaise enseigne.

Celle de Panurge, aussi, du moins si l'on en croit Pantagruel, qui, lors de la célèbre rencontre, le scrute attentivement pour découvrir, sous les guenilles du vagabond, un personnage de «riche et noble lignée» (ch. IX, p. 141). Rien ne viendra jamais confirmer ou infirmer l'intuition du géant. Mais son interprétation du personnage, proche en apparence de celle qu'utilise Alcofrybas pour Socrate, en diffère pourtant sensiblement. Ce qu'il découvre, sous les guenilles, ce n'est pas une richesse morale, mais une naissance noble. Et Panurge, invité à se faire connaître, ne livrera aucune intériorité au regard de son compagnon, mais seulement un épisode de son histoire : l'équipée turque du ch. XIV. Il reste donc pour Pantagruel, pour Alcofrybas et pour nous, un personnage à facettes, ondoyant et ironique, tout à fait décevant pour les amateurs de profondeur psychologique et de secrets intérieurs.

Les personnages rabelaisiens sont un peu à l'image d'une création qui n'oriente les regards vers la profondeur que pour mieux les décevoir. On pourra en juger d'après la scène décrite par le premier chapitre du *Gargantua,* et dont la place dans le roman souligne la valeur symbolique : un paysan, en curant les fossés de son champ, découvre «un grand tombeau de bronze» (p. 65). Il trouve en l'ouvrant «neuf flaccons», et, sous celui du milieu, un livre. Est-ce la découverte d'un mystère archéologique, d'un secret enfoui dans la terre depuis des temps immémoriaux ? Non ; un texte à peine lisible, et qui n'a peut-être aucun sens, celui des « Fanfreluches antidotées », tient lieu de révélation métaphysique ou historique. La profondeur décevante renvoie celui qui la cherche au chatoiement de la surface. Mais son ascendant sur l'esprit sera encore assez fort pour que Panurge plonge vers le secret de la terre lors de la descente vers le Temple de la Dive Bouteille : nouvelle nostalgie de la profondeur, et nouvelle déception.

● *La question du héros*

Les titres des deux premiers romans, comme ceux des chapitres, confèrent aux rois-géants (parfois même abusivement) la dignité de héros : aidés ou non par des personnages-auxiliaires, ils viennent à bout de toutes les difficultés, et ils suscitent de la part du lecteur, par leurs actions et leurs discours, un fort mouvement de sympathie, à quoi l'on reconnaît, tout spécialement, le héros du roman populaire. A l'intérieur même du texte, certains épisodes ont pour fonction essentielle de porter sur ces personnages des jugements de valeur qui les confirment dans cette qualité de héros ; Thaumaste, « oyant le bruict et renommée du sçavoir incomparable de Pantagruel » (ch. XVIII, p. 253), vient d'Angleterre pour le mettre à l'épreuve. Ce regard étranger est nécessaire à la consécration du héros, qui égale maintenant Salomon. Autre étranger à l'univers des rois-géants, Touquedillon, prisonnier, reconnaît la grandeur du roi, à laquelle, on le sait, il se convertit finalement.

Pour le lecteur humaniste du XVIe siècle, les héros, ce sont les rois-géants, en qui il reconnaît ses préoccupations et une bonne part de sa vision du monde. Mais Panurge séduit tous ceux qui voient en lui l'homme des temps modernes : libre, possédant une autonomie supérieure à celle de Pantagruel que le devoir et les responsabilités enchaînent à un certain style de vie ; parcourant des milieux sociaux très différents sans crainte de s'y perdre ; ne renonçant à cette liberté que poussé par la faim et le besoin d'une certaine sécurité, mais révolté en secret contre la société autant que le Neveu de Rameau contre son oncle.

Le narrateur lui-même semble partager le goût de ce public pour Panurge : il n'hésite pas à abandonner parfois le maître pour s'occuper du « serviteur », et lui consacrer plusieurs chapitres d'où Pantagruel est absent. Cette double focalisation du premier roman exprime les hésitations de Rabelais à l'heure où, dans la littérature comme dans la peinture (invention du point de fuite), on tente d'organiser et de hiérarchiser l'espace interne de l'œuvre. Séparés dans la narration du premier roman, le maître et le serviteur ne formeront un couple *(Tiers* et *Quart Livre)* que lorsque Pantagruel aura dépouillé les insignes du roi pour devenir un homme et chercher la vérité avec celui qui sera devenu un ami.

LES TECHNIQUES NARRATIVES

L'histoire des géants reste simple, et, mises à part quelques surprises, relativement attendue. Ce n'est pas encore en ce domaine qu'éclate le plus l'originalité de Rabelais. Elle apparaît beaucoup mieux, en revanche, dans son usage des différentes techniques narratives.

● *Récit et interventions d'auteur*

La monotonie des *Grandes Chroniques* procédait, pour une part, de la manière dont l'auteur conduisait son récit, et de la prédominance de celui-ci sur toutes les autres formes de représentation. Rabelais pouvait lui aussi raconter les événements de son livre « comme ils se sont passés et au fur et à mesure qu'ils apparaissent à l'horizon de l'histoire[1] ». Dans le

1. Émile Benveniste, *Problèmes de linguistique générale,* Gallimard, 1966, p. 241.

récit, « personne ne parle » et les « événements semblent se raconter eux-mêmes ». Mais le récit à l'état pur n'a jamais existé, et dans l'œuvre de Rabelais encore moins qu'ailleurs.

Le narrateur respecte, en règle générale, l'ordre des événements tels qu'ils apparaissent dans l'histoire. Quelques retours en arrière lui sont cependant nécessaires quand celle-ci se déroule en plusieurs points de l'espace, et qu'il doit interrompre l'une des lignes du récit pour mener l'autre à sa hauteur. On le voit notamment dans le récit de la guerre picrocholine. Mais l'infidélité du narrateur à la « loi » du récit se marque surtout par ses multiples intrusions. A peine vient-il d'organiser le récit de la rencontre entre les bergers et les fouaciers (*Gargantua*, ch. XXV) qu'il s'interrompt pour s'adresser au lecteur : « Car notez que c'est viande celeste manger à desjeuner raisins avec fouace fraîche... » etc. (p. 225). Cette intervention, parfaitement inutile au regard d'une conception strictement utilitaire du récit, correspond chez le narrateur au désir de ne pas « se faire oublier », et il en va ainsi de toutes celles qui lui ressemblent. Il importe peu à Alcofrybas de persuader son lecteur qu'il est agréable de manger des raisins avec de la galette ; il lui importe beaucoup, en revanche, de lui rappeler qu'il est toujours là, que c'est bien lui le maître d'un récit qui ne se poursuit que par son entremise.

● *Lecteur, es-tu là ?*

L'idéal narratif de Rabelais demeure profondément influencé par les habitudes de la littérature orale. Quand le rhapsode ou le conteur raconte une histoire, même s'il la met au passé et s'il emploie la troisième personne, il ne risque jamais de se faire oublier, puisque le récit reste suspendu à ses lèvres. Il en va autrement quand le récit est écrit, et qu'il se détache du narrateur pour être publié. Il ne reste alors à celui-ci qu'à mimer dans un texte écrit les habitudes de la narration orale ; interventions, digressions, réponses à des objections supposées : tout ce qui est monnaie courante dans la littérature orale, si vivante au Moyen Age, se retrouve dans le texte rabelaisien, et notamment dans ce modèle de récit qu'est la guerre picrocholine.

50

Le narrateur vérifie en même temps que la communication reste bien établie entre lui et son lecteur-auditeur. Le *Pantagruel* et le *Gargantua* renouvellent sans cesse les interpellations de leurs deux grands prologues. Normale dans un « Cri », l'attention portée au lecteur se retrouve alors même que le narrateur a déjà commencé à raconter son histoire. Elle trouve une expression à la fois comique et inquiète lorsque Rabelais, dans le prologue du *Quart Livre,* feint de chausser ses lunettes pour mieux voir les « gens de bien » auxquels il s'adresse. Cette mise en scène traduit surtout le malaise d'un auteur qui, par la force de la chose écrite, ne peut plus voir, littéralement, son auditoire.

● *La parodie*

Le plaisir du récit se marque aussi dans l'usage qui est fait de la parodie. La représentation littéraire, chez Rabelais, n'est que rarement la narration d'événements extérieurs que l'auteur serait obligé de faire connaître au lecteur s'il veut mener son histoire à son terme. Le texte parodique, chez Rabelais comme ailleurs, « a un double contenu : l'un, explicite, découle du dit de l'énoncé ; l'autre, implicite, est l'œuvre, l'auteur, le genre ou le type de discours parodié[1] ». « Derrière toute parodie il y a une œuvre ou un groupe d'œuvres » : derrière certaines pages célèbres de la guerre picrocholine, il y a le récit épique, qui fait de la guerre son sujet privilégié ; à cet égard, le début du chapitre XLII apparaît exemplaire : « Or s'en vont les nobles champions à leur adventure » (p. 333). Le style se maintient à cette hauteur pendant un paragraphe, et il est d'autant plus visible au lecteur que Rabelais, comme tout parodiste, a travaillé les procédés épiques : l'accumulation d'adjectifs (« la grande et horrible bataille ») transforme le style de l'épopée en une série de clichés. La parodie se trouve également soulignée par la rupture de ton qui intervient dans les lignes qui suivent : pour encourager ses compagnons, le moine tient un langage trivial, incompatible avec les exigences du style épique, auxquelles le premier paragraphe feignait de se soumettre.

1. Claude Abastado, « Situation de la parodie », article cité, p. 21.

Rabelais s'en prend ici au conformisme des modèles d'écriture, mais il vise également « tous les langages spécialisés », coupables à ses yeux d'entraver la liberté créatrice, et de figer la société en un système clos. C'est pourquoi la parodie apparaît dans le discours de Janotus de Bragmardo, comme dans le jugement loufoque de Pantagruel après la dispute de Baisecul-Humevesne. Elle renvoie au non-sens les modes de pensée et d'expression qui prétendent organiser le monde. Comme telle, elle est inséparable de la vision comique, dont on montrera plus loin la place, mais aussi les limites.

● La prise de parole

Le narrateur disparaît cependant toutes les fois où il laisse la parole à ses personnages, ce qui arrive très souvent. Dans ces romans, tout le monde parle, les « bons » comme les « méchants », les géants comme les hommes. Rabelais a même accordé à la parole de l'enfant une attention que personne peut-être ne lui avait donnée jusqu'alors. Le silence n'est pas encore le signe d'un monde qui se referme sur ses secrets, et de personnages qui ont perdu l'espoir de parvenir, par la parole et la communication, à posséder la vérité, comme ce sera le cas dans les derniers livres. Pas de philosophie du silence ici, mais une exploration prodigieusement variée de tous les types de parole possible : parole du monologue, rare, comme celui de Gargantua pesant le pour et le contre à la mort de sa femme et à la naissance de son fils (*Pantagruel*, III) ; parole du dialogue, nombreuse et multiforme, depuis celui à deux personnages (Pantagruel et Panurge, Gargantua et Touquedillon, Frère Jean, etc.) jusqu'à celui où il est impossible de connaître le nombre des interlocuteurs (« Propos des Bien Yvres », *Gargantua*, ch. V) ; discours enfin, émanant surtout des rois-géants et adressés aux « vaincus » (*Gargantua*, L) ou à l'héritier, sous forme de lettre (*Pantagruel*, VIII ; *Gargantua*, XXIX). Rabelais a pratiquement fait le tour de toutes les situations de parole et de tous les modes d'énonciation : ordre, requête, supplique, conseil, délibération, échange, etc.

Tous les personnages sont donc appelés à parler, mais tous ne parlent pas de la même façon. Ils se distinguent moins par des différences psychologiques que par le rôle que leur attribue le narrateur sur ce grand théâtre du langage qu'il anime devant nous.

• Le langage des rois-géants et les autres

Dans leur éducation, l'apprentissage de la rhétorique a joué un rôle de premier plan. C'est en écoutant le discours du jeune page Eudémon (*Gargantua*, ch. XV), modèle même du langage nouveau, que Grandgousier prend conscience du « retard » de son fils. La maîtrise de la parole possède en effet la plus grande importance dans une société où le savoir ne suffit plus, mais où il faut aussi apprendre à persuader. L'usage du latin et des fleurs de rhétorique compte beaucoup moins que les « gestes tant propres, (la) prononciation tant distincte » (p. 157), qui deviendront l'apanage des sociétés cultivées, et, au sommet de l'État, du prince lui-même. Plus que tout enfin importe la clarté, non à cause des exigences du style, mais à cause de celles de la communication.

Les rois-géants mettront donc toute leur passion à être clairs et à se faire comprendre, comme on peut le voir dans les discours qu'ils prononcent et les lettres qu'ils écrivent. Pour eux, les jeux de la grande rhétorique, avec ses recherches verbales, ses acrobaties et ses équivoques linguistiques, sont bel et bien finis. Ils ne connaissent que la prose, l'adieu à la poésie prenant la forme bouffonne du rondeau de Gargantua sur le torche-cul (ch. XIII). Et bien qu'ils soient instruits en toutes disciplines, ils se refusent à user d'une autre langue que leur langue maternelle.

Le portrait linguistique des rois-géants peut se préciser grâce à l'examen de leurs réactions vis-à-vis de ceux qui utilisent le langage à des fins différentes : l'écolier limousin, Panurge, Janotus de Bragmardo. Le premier se rend coupable d'employer un jargon latinisé, analogue à celui des « escumeurs de latin ». La colère de Pantagruel contre lui s'explique par le désir de défendre la langue française, faussement ennoblie par ces emprunts au latin, mais aussi par l'inquiétude

53

où le plonge ce « langaige diabolique » (p. 97). C'est le roi qui intervient ici, dans un domaine qui, pour un esprit moderne, ne relève pas de sa compétence, mais que les rois de la Renaissance considéraient comme leur. Car le tort de l'écolier limousin est double : il ne parle pas français à une époque où celui-ci devient obligatoire dans les actes publics (édit de Villers-Cotterêts : 1539) et où il s'impose de plus en plus dans tous les domaines de l'existence ; mais surtout il ne parle pas clairement, et l'obscurité, c'est le refus de la communication. Voilà pourquoi Pantagruel se mue en professeur de rhétorique et n'hésite pas à dire : « Je vous apprendray à parler » (p. 101). Les jeux linguistiques, quels qu'ils soient, ne sont pas du goût des rois.

Panurge, que le roi-géant rencontre un peu plus loin (ch. IX), s'oppose lui aussi à cet idéal de transparence dans la communication. Son extraordinaire virtuosité linguistique étonne son interlocuteur qui, d'un seul coup, oublie tout ce qu'il devait savoir. Panurge, qui pouvait d'emblée se faire entendre en parlant français, retarde le plus possible ce moment, par esprit de jeu peut-être, mais aussi parce qu'il sait que dès qu'il aura été compris il tombera sous le pouvoir du roi, qui lui donnera ce qu'il demande : de quoi manger. Il faut remarquer aussi que ce qui s'oppose pour Pantagruel aux langages inventés (« langaige Patelinoys »), ce ne sont pas les langues réellement parlées en Occident, mais un parler « christian » (chrétien). Parler chrétiennement, ce ne sera pas, bien sûr, utiliser une langue particulière qui d'ailleurs n'existe pas : c'est parler « naturellement » (« A ceste heure parle-tu naturellement ? » ch. VI, p. 103) et clairement, et tout se passe comme si Dieu lui-même avait une certaine conception du langage, dont se réclament — abusivement, bien sûr — les rois-géants pour faire taire ceux qui avaient choisi de s'exprimer autrement.

Janotus de Bragmardo, pour sa part, ne suscite pas l'inquiétude de ceux qui écoutent l'extraordinaire harangue qu'il débite, mais simplement le rire, car son discours où carambolent les mots empruntés au jargon scolastique, les néologismes, les citations bibliques et des bribes de grammaire latine, révèle un homme qui songe beaucoup moins à ses cloches, motif officiel de sa démarche, qu'aux « pans de saulcices » et à la « bonne paire de chausses » qu'on lui donnera, si sa requête est couronnée de succès. Latin doublement de cuisine que le sien ! Dans le discours de Janotus, qui devient à la fin incompréhensible, la nature prend sa revanche sur une culture empruntée, et c'est au nom de la nature que Gargantua lui pardonne.

Les rois-géants adoptent donc la même conception du langage, expression d'un mouvement historique et idéologique qui sera étudié plus loin. Mais ils ne peuvent l'imposer à tous les personnages du roman, dont beaucoup semblent avoir pris le parti tout différent d'Alcofrybas.

• Parole individuelle et parole collective

Qu'il s'agisse des rois-géants ou des autres personnages, la présentation du discours ne laisse pas de doute la plupart du temps sur l'identité de celui qui parle. Comme dans tout dialogue classique, Rabelais note la succession des répliques rapportées à chaque personnage, et le roman se comporte ici comme un dialogue scénique où le doute ne peut exister dans la mesure où le spectateur voit celui ou celle qui est en train de parler. Cette règle disparaît pourtant de deux épisodes qui se situent — est-ce un hasard ? — le premier au début et le second à la fin du *Gargantua*.

Il est possible d'identifier, dans le groupe des « Bien Yvres » (ch. V), des clercs, des moines, des soldats, des juristes, des paysans. Mais les propos qui jaillissent de leur ivresse appartiennent à tous et à personne. Toutes les identités disparaissent dans cette grande orgie paysanne, où rien n'empêche le moine de parler comme un soldat, et le bourgeois comme un clerc, ce qui rend infiniment aléatoire le jeu des identifications. Personne ne songe à affirmer un quelconque droit de propriété sur ses propres mots, qui errent, se mêlent aux autres, se transforment, créant ainsi cette parole collective où se perdent les individualités, un peu comme les consciences se perdent dans la grande ivresse. Comme dans le carnaval, la propriété linguistique n'existe plus, et peut-être en va-t-il de même de la propriété économique remplacée par une organisation communautaire de la vie paysanne.

À l'autre bout du roman, la propriété disparaît aussi de l'épisode de Thélème, mais d'une façon tout à fait différente. Les habitants du château forment un groupe étrange où chacun abolit sa personnalité pour laisser s'exprimer celle des autres : « Si quelq'un ou quelcune disoit : « Beuvons », tous buvoient ; si disoit : « Jouons », tous jouoient ; si disoit : « Allons à l'esbat es champs », tous y alloient » (ch. LVII, p. 423). Grâce à cette complaisance, l'uniformité s'installe à Thélème, dans les propos, les jeux ou les toilettes, alors qu'elle est absente de la communauté des « Bien Yvres ». Dans celle-ci, les langages restaient divers, et l'unité du groupe n'était pas mise en danger par la variété des hommes qui le composaient ; ici, en revanche, l'unité ne subsiste que par la disparition des différences individuelles.

● Les plaisirs de l'équivoque

Les rares paroles prononcées par les Thélémites : « Beuvons », « Jouons », « Allons à l'esbat es champs », sont aussi transparentes que le château qu'ils habitent. Nulle place ici pour l'équivoque, l'allusion, le sous-entendu, et on le comprend : dans cette existence totalement dominée par un Gargantua invisible, chacun veille sur son discours et interdit aux désirs inconscients de le dérégler. C'est pourtant ce qui se passe très souvent dans le langage rabelaisien, riche en équivoques de toutes sortes qui compliquent la communication mais donnent aux phrases une épaisseur exceptionnelle.

L'équivoque accompagne le désir sous toutes ses formes et notamment le désir sexuel. C'est pourquoi elle est si présente chez les personnages qui font de celui-ci leur raison d'être ou de parler : Panurge et Frère Jean. Le premier est passé maître dans l'art des faux lapsus, qui émaillent les discours à la « haulte dame de Paris », et dans le jeu des équivoques calculées sur lesquelles il attire son attention (ch. XXI). Mais le plaisir que Panurge peut prendre à ce genre de langage ne le satisfait pas assez pour qu'il ne cherche à se venger de la dame par des tours cruels et obscènes (ch. XXII). Frère Jean, en revanche, est l'incarnation même de la grivoiserie, telle que la définit Freud : « l'évocation intentionnelle, par l'intermédiaire de la parole, de situations et d'actes sexuels[1] ». Frère Jean ne se lance jamais dans une entreprise de séduction, mais se contente d'évoquer, devant un auditoire masculin (*Gargantua*, ch. XXXIX), des situations et des actes sexuels ; la parole semble lui suffire, car elle est source d'un plaisir que Panurge n'a pas encore découvert.

L'un comme l'autre possèdent un complice en la personne d'Alcofrybas. Là où, en effet, celui-ci parle en son nom propre, il tient un discours qui ressemble à s'y méprendre à celui de ses deux personnages. Les prologues notamment sont émaillés de jeux de mots, de lapsus, d'équivoques qui manifestent clairement les choix linguistiques du narrateur. Tout en obéissant aux exigences de la communication ordinaire (ce qui distingue ses propos du « fatras » de Baisecul et Humevesne), il introduit un jeu constant sur les significations et appelle ainsi une lecture qui soit en harmonie avec son écriture. Car s'il y a un plaisir dans le maniement des mots, il doit y en avoir un également dans la découverte, par le lecteur, des jeux de sens. Ce langage ouvert se libère de la tyrannie des codes, et peut-être, ce faisant, de toute tyrannie.

● *L'inflation verbale*

Les rois-géants, et, d'une manière plus générale, tous les personnages « sages », parlent quand ils ont quelque chose à dire. C'est le contenu même de leur pensée qui légitime leur discours. De la même façon, le marchand s'adresse aux acheteurs éventuels parce qu'il a quelque chose à vendre. Cette comparaison se présente très souvent à l'esprit du lecteur de Rabelais, car Alcofrybas intervient dans ses prologues comme un marchand qui s'adresse aux chalands : son cri, c'est leur boniment. Mais le propre de ce « cri », comme de celui de Dindenault lorsqu'il veut vendre son mouton à Panurge (*Quart Livre*, ch. VI et VII), c'est de faire monter

1. S. Freud, *Le Mot d'esprit et ses rapports avec l'inconscient*, Gallimard, « Idées », p. 143.

le prix de la marchandise, jusqu'au point où il n'y a plus aucune relation entre la valeur de l'objet et le prix demandé. C'est l'habileté du bonimenteur qui fixe le prix selon son désir et celui, supposé, de l'acheteur. L'inflation n'est donc pas seulement un phénomène économique, elle est aussi, du moins au seizième siècle, un phénomène linguistique. Le discours d'Alcofrybas ne lui échappe pas. La valeur propre de son œuvre n'est pas plus fixée en nature que ne l'est, au siècle de la Renaissance, le prix des marchandises. Elle est fonction du jeu de l'offre et de la demande. L'offre, c'est celle de cet infatigable bonimenteur qui semble avoir pris ses leçons chez les « basteleurs » que visite son géant, et chez tous les « bailleurs de bailliverness » (*Gargantua*, ch. XXIV), et qui fait monter, grâce à son « bagou », la valeur de son œuvre. La demande, pour sa part, vient de ceux qui se promènent dans la foire — la foire de Lyon, par exemple, où est vendu le premier roman — foule de badauds dont Alcofrybas connaît fort bien les goûts et qu'il étourdit par ses prodigieuses inventions.

Voici donc un objet d'un nouveau genre, bouleversant toutes les habitudes tant linguistiques qu'économiques, une « boîte » étrange, qui ne contient peut-être même pas les drogues précieuses annoncées ; un livre qu'on feint de vouloir vendre cher, alors qu'il n'a rien coûté : il aurait été composé pendant le temps des repas. Alcofrybas perturbe donc les règles de l'échange, autant que le marchand rusé, qui devient l'un des types littéraires de cette époque en pleine expansion économique, et dont on admire, en feignant encore de la condamner, l'habileté commerçante. Alcofrybas, c'est Dindenault, coupable l'un des premiers de « publicité mensongère », mais un Dindenault que personne ne vient jeter à la mer, pour le punir de son discours.

LES HOMMES ET LES CHOSES

La figure humaine est au centre des deux premiers romans, et cela d'autant plus que les géants finissent par devenir des hommes. Les choses n'auront une place dans le texte que dans la mesure où elles serviront à dominer le monde, et les éléments descriptifs devront permettre de mieux suivre une action centrée sur les personnages.

● *Description*

Le narrateur ne s'attarde pas longtemps sur les lieux où il nous mène. En quelques traits rapides, il présente les bergers de Gargantua gardant les vignes dans un décor rustique (*Gargantua,* ch. XXV), ou la « Saulsaie », lieu des ébats des invités de Grandgousier au début du roman (ch. IV). C'est à peine s'il est plus précis quand il nous entraîne à Seuillé pour faire la connaissance de Frère Jean (ch. XXVII). Il est rare que Rabelais offre au lecteur une description exhaustive d'un cadre de vie quel qu'il soit. Il préfère le croquis, et celui de Panurge dressant des embuscades au guet sur la Montagne Sainte-Geneviève, est remarquable par l'économie des moyens ; les cabarets, les pavés, le tombereau qui dévale la rue en pente pour assommer les sergents, tout cela compose un décor « réaliste » et pittoresque, sur lequel se détache la silhouette à la fois comique et inquiétante de Panurge.

Rabelais abandonne toutefois le croquis quand il se met en devoir de décrire Thélème, un peu à la manière des auteurs d'utopies ou des voyageurs qui ne laissent rien ignorer des merveilles qu'ils ont vues. La précision des indications est telle qu'il a été possible de tracer le plan de ce château de rêve. Le plus souvent, la description abandonne au style gothique les épithètes conventionnelles (« chevaliers tant preux, tant gualans, tant dextres », p. 425) et recherche l'exactitude des détails.

De cette description, pourtant, les Thélémites restent bizarrement absents, comme si la précision de la peinture les empêchait de vivre ; comme si ce décor fait pour eux se mettait à jouir d'une existence autonome. La description de Thélème défait la grande synthèse entre l'homme et les choses, oublie le « sentiment stable et fort de la vie » grâce auquel, selon H. Focillon[1], un principe d'unité organisait tous

1. *L'Art d'Occident : le Moyen Age gothique,* p. 281.

les éléments de la représentation à l'âge d'or du gothique. L'espace ne semble plus fait pour l'homme, mais pour les choses multiples qui le remplissent minutieusement.

● *L'invasion des choses*

La tendance à l'inventaire, à la nomenclature exacte et complète du réel s'était déjà fait jour bien avant les derniers chapitres du *Gargantua*. Dans le catalogue de la librairie de Saint-Victor (*Pantagruel*, ch. VII), le narrateur énumérait déjà tous les livres réels ou imaginaires qui composent cette bibliothèque, symbole de la scolastique décadente. De la même façon, il ne nous fait grâce d'aucun détail quand il entreprend de nous faire connaître les jeux de son héros (*Gargantua,* ch. XXII) ou les façons qu'il invente de se « torcher le cul » (ch. XIII). Ces listes interminables répondent-elles, comme on l'a écrit, à un souci documentaire ? ou traduisent-elles l'angoisse d'un écrivain devant une réalité qui défie le langage parce qu'il est impossible de la recenser ? une réalité qui, par ailleurs, risque de s'anéantir sous peu, comme tout ce qui compose le paysage ordinaire d'une société, et qu'il tente de sauver de l'oubli en la dénombrant inlassablement ? Quelle que soit la réponse, constatons que de ces choses, pourtant inventées par lui, l'homme est absent, et qu'elles introduisent dans l'univers de l'humanisme un élément d'étrangeté, voire d'inquiétude. Déjà, dans les deux premiers livres, apparaissent des objets impossibles qui sont les signes à peine visibles d'une révolte latente contre l'ordre de la Création, et qui rappellent, d'une certaine façon, les formes étranges qui peuplent les tableaux de J. Bosch. Elles envahiront le *Quart Livre,* où le héros, centre de toute narration « humaniste », maintient difficilement l'ordre d'un monde, dont Dieu a voulu qu'il soit le garant. Thélème annonce déjà un texte où la description l'emportera souvent sur la narration et sur le discours, où les choses se séparent de l'homme et de la signification qu'elles possédaient dans l'univers tranquille des conventions humaines.

Significations 4

Alcofrybas avait engagé le lecteur de son œuvre à se montrer agile et hardi. Son conseil a été entendu si l'on en juge par le nombre et la qualité des lectures de son texte. Lectures d'autant plus libres qu'elles n'avaient pas à se soucier des intentions exprimées de l'écrivain : Rabelais n'a jamais communiqué son projet, à la différence de la plupart des romanciers du dix-neuvième siècle, par exemple. Mais si les lectures de Rabelais ont bénéficié de cette liberté, elles n'ont pas toujours résisté à la tentation de désigner une signification ultime du texte, où se résoudraient les disparités et les contradictions qui ne peuvent échapper à un lecteur quelque peu vigilant. Tour à tour, on a privilégié à l'exclusion de toute autre interprétation une signification comique, une signification humaniste, une signification épistémologique ou culturelle. Les analyses précédentes ont peut-être indiqué que le texte de Rabelais était plutôt le lieu où s'affrontaient, par personnages interposés, plusieurs discours sur le monde et l'histoire, et qu'au moment où le lecteur croyait tenir la solution, le texte, dans son mouvement sans fin, la remettait en question. Rien n'échappe en fait à la puissance de la contradiction, pas même Thélème, le lieu par excellence où l'on reconstruisait le monde sur des bases claires. Ce que l'on trouve dans les fondations de l'abbaye, c'est une énigme.

LA VISION COMIQUE

Le rire de Rabelais (celui de ses personnages, celui de l'auteur, et le nôtre quand il les prolonge) n'a pas échappé au désaccord des interprétations. Rire humaniste pour les uns, où s'exprime la confiance d'une époque et d'une culture dans l'homme et dans ses forces ; rire inquiet pour les autres, reflet d'une blessure secrète. La vitalité elle-même, quand elle devient comme ici excessive, ne serait pas éloignée de la « torpeur des choses » et l'« hilarité » du « rictus[1] ». L'enquête menée sur le rire rabelaisien exprime forcément la propre situation intellectuelle et historique du critique. Elle peut gagner toutefois en vigueur et en force de conviction en rendant compte d'un nombre plus important d'éléments de l'œuvre, et en l'ouvrant sur des cultures encore trop peu connues. C'est en particulier ce qu'a fait M. Bakhtine[2].

● *Le rire comme vision du monde*

« L'époque de Rabelais, Cervantès et Shakespeare marque un tournant capital dans l'histoire du rire ». Au seizième siècle, en effet, « le rire a (encore) une profonde valeur de conception du monde. C'est une des formes capitales par lesquelles s'exprime la vérité sur le monde dans son ensemble, sur l'histoire, sur l'homme[3] ». Le rire ne peut donc être le propre de certains moments de détente. Il n'est pas limité, d'autre part, à un domaine spécifique, à la satire des vices de l'homme et de la société, ce qu'il deviendra, dans une large mesure, au dix-septième siècle. Le rire perçoit le monde autrement que le sérieux, mais d'une façon aussi importante, sinon plus. Et en dernière analyse, le rire pose les questions de la vie et de la mort, de l'individu et de l'histoire : questions philosophiques.

La méconnaissance de cette dimension du rire explique pourquoi, trop longtemps, la critique s'est attachée à inventorier les victimes de la satire rabelaisienne : princes (Picrochole), « Sorbonistes » (Janotus de Bragmardo), précepteurs médiévaux (Thubal Holopherne et Jobelin Bridé), juges, plaideurs, moines, etc. Elle retrouvait ainsi les sympathies et les antipathies du partisan des réformes politiques et religieuses qu'était sans aucun doute Rabelais. Mais elle méconnaissait la vision du monde implicite dont ce rire est porteur.

1. Jean Paris, *Rabelais au futur,* Le Seuil, 1970, p. 63.
2. *L'Œuvre de François Rabelais et la culture populaire au Moyen Age et sous la Renaissance.* Trad. franç., Paris, Gallimard, 1970.
3. M. Bakhtine, op. cit., p. 75.

● Les « agelastes »

Le dizain « Aux lecteurs », placé en tête du *Gargantua,*
contient les deux vers célèbres :

> « Mieulx est de ris que de larmes escripre,
> Pour ce que rire est le propre de l'homme[1]. »

Il fait écho à une tradition, qui remonte à Aristote, et qui
confère à l'homme un véritable privilège, de nature spirituelle : les animaux ne savent pas rire. Inversement, si les
dieux savent rire (Homère nous l'assure dans des vers
célèbres), leur rire ne peut avoir la même signification que
celui de l'homme.

Le rire n'est pourtant pas la chose du monde la mieux
partagée, et le texte de Rabelais (comme celui de Molière plus
tard) établit une distinction très nette entre ceux qui acceptent
de rire et ceux qui s'y refusent : les « agelastes[2] ». Rabelais les
rencontre sur son chemin parce qu'ils sont responsables des
censures dont ses différents livres ont été victimes. Mais les
« agelastes » ne sont pas simplement des personnages tristes.
« Ce sont les représentants de la vieille vérité sinistre, des con-
ceptions moyenâgeuses[3] » auxquelles ils s'accrochent farouche-
ment dans la grande tourmente historique de la Renaissance.
Détenteurs du pouvoir, ils soupçonnent, condamnent et
persécutent. Et, surtout, ils s'opposent de toutes leurs forces
à l'idée que la vérité puisse être libre et joyeuse.

Leurs représentants seront nombreux dans les trois derniers
livres, à mesure que l'optimisme des intellectuels diminue et
se change en inquiétude. Mais on les rencontre déjà dans les
deux premiers en la personne des « vieux tousseux » (p. 153)
chargés de l'éducation de Gargantua ; en la personne surtout
de Picrochole, figure d'un roi à la fois sinistre, inquiet et
violent. On peut considérer aussi que les bigots, les « usuriers
chichars », les « poiltrons à chiche face », et les « rassotez
mastins[4] », exclus de l'abbaye de Thélème, font partie de la
triste et dangereuse famille de ceux qui ne savent pas rire.

---

1. *Gargantua,* p. 53.
2. *Gargantua,* p. 53.
3. M. Bakhtine, op. cit., p. 175.
4. Dédicace du *Quart Livre* à Odet de Chastillon.

Dans la narration rabelaisienne, le châtiment du sérieux s'inscrit dans une série d'images profondément liées à la culture comique populaire, encore très vivante à cette époque. Anarche et Picrochole sont châtiés d'une façon presque identique : après la défaite des Dipsodes, le premier est confié à Panurge, qui fait endosser au souverain déchu un « accoutrement de bouffon[1] », puis l'oblige à se faire vendeur de sauce verte. Il lui donne aussi pour épouse une vieille mégère qui le roue de coups. On retrouve ici les trois composantes majeures de la scène du détrônement du roi de Carnaval : les injures, le déguisement, la bastonnade. Elles apparaissent encore plus nettement dans le châtiment de Picrochole (*Gargantua*, ch. XLIX) qui tue son cheval dans un accès de colère, tente de voler un âne, rencontre enfin des meuniers qui le meurtrissent de coups, lui prennent ses habits de roi, et lui donnent en échange une méchante souquenille. Il finit par trouver un modeste emploi de gagne-denier à Lyon. Le Carnaval prend ainsi plaisir à célébrer la mort de l'ordre ancien, et d'une vérité qui se croit éternelle.

Les rois ne sont pas les seules victimes du carnaval rabelaisien. Tous ceux qui ont partie liée à l'ordre ancien méritent le même traitement. Quand Janotus de Bragmardo se présente à Gargantua pour réclamer les cloches que celui-ci a volées, il se métamorphose en masque de carnaval, lui et ses « vedeaulx à rouge muzeau » (ch. XVIII, p. 171), et il va jouer devant Gargantua le rôle d'un bouffon de foire. Tel est le travestissement humiliant que Rabelais impose au représentant d'une antique institution, la Sorbonne, son ennemie de toujours, incapable de comprendre les temps nouveaux.

Le rabaissement carnavalesque peut atteindre aussi des objets qui entraînent dans leur dégradation l'idée ou l'institution qu'ils symbolisent. Il en va ainsi précisément des cloches de Notre-Dame, que Gargantua a dérobées pour les accrocher au cou de son énorme jument. Au lieu de rythmer l'existence quotidienne des Parisiens et de leur rappeler les grands moments de la vie chrétienne, les cloches vont sonner

---

1. M. Bakhtine, op. cit., p. 200.

désormais au cou d'une jument hérétique (elle vient de Numidie : *Gargantua*, p. 161), et qui de surcroît s'en retournera chez Grandgousier chargée de nourritures terrestres, « froumaiges de Brye » et « harans frays » (p. 167). Les cloches sont ici l'accessoire indispensable de l'acte carnavalesque, puisqu'on les retrouve sonnant au menton des joyeux convives et accompagnant le « remuement » de leurs « badiguoinces » (*Pantagruel*, p. 339).

● *L'ambivalence : mort et résurrection*

Les gestes du carnaval, encore bien compris des contemporains de Rabelais, risquent de ne plus l'être par un lecteur moderne. Les coups, les injures, les rabaissements divers ne sont en effet que le prélude de la rénovation et de la résurrection. Le Carnaval lui-même, et les fêtes qui s'y rattachent par leur thématique, expriment une philosophie du mouvement, du temps en perpétuel devenir. Toutes ces images s'efforcent de saisir le passage incessant de l'ancien au nouveau et de la mort à la naissance. Elles sont donc profondément ambivalentes.

L'ambivalence apparaît déjà dans les scènes qui ont été mentionnées. Le destin des rois aux Enfers, comme celui de Picrochole, ne représente pas une pure et simple revanche du peuple sur les grands. Invités à travailler manuellement, les rois retrouvent la relation aux choses qu'ils avaient perdue à cause de leurs chimères. La jument chargée de vivres n'est pas seulement le moyen de l'humiliation du spirituel : elle porte les victuailles grâce auxquelles la vie est possible. Mais c'est surtout dans les scènes de guerre que la relation mort/renaissance devient prépondérante. Frère Jean se livre à un véritable carnage des 13 622 assaillants de l'abbaye de Seuillé, mais il n'entreprend ce massacre que pour sauver le vin nouveau. Comme le souligne M. Bakhtine, on entrevoit derrière « la bouillie rouge des corps humains déchiquetés les cuves pleines de « purée septembrale » (le vin) dont parle si souvent Rabelais. C'est la transformation du sang en vin[1] ». Frère Jean

---

1. M. Bakhtine, op. cit., p. 210.

célèbre ce qu'on pourrait appeler une « Eucharistie à l'envers ». La vie sort de la mort, comme le jour où Pantagruel est né en faisant mourir sa mère.

● *La vision comique et le peuple*

Le discours carnavalesque déborde le Carnaval. Dans une acception élargie, l'adjectif peut désigner « non seulement les formes du carnaval au sens strict et précis du terme, mais encore toute la vie riche et variée de la fête populaire au cours des siècles et sous la Renaissance[1] ». Rabelais, qui n'a jamais représenté le Carnaval, a décrit dans son œuvre des scènes de fête qui en gardent l'esprit, notamment dans les premiers chapitres du *Gargantua*. Ailleurs, en effet, le peuple, qui est le véritable sujet collectif du discours carnavalesque, laisse la place à de petits groupes ou à des individus dont les comportements se rattachent moins nettement aux rites du carnaval. Les plus pénétrés de l'esprit carnavalesque restent finalement Frère Jean et le narrateur lui-même, Alcofrybas, surtout dans ses prologues. Eux seuls peut-être sont entrés dans cette étonnante logique qui ne donne la mort que pour donner la vie. Ils sont les authentiques représentants d'une culture populaire beaucoup plus menacée à cette époque que ne le dit M. Bakhtine.

La menace vient d'abord du pouvoir politique qui, en France comme en Allemagne, cherche à limiter dans le temps et l'espace les manifestations du Carnaval, parce qu'il se méfie de plus en plus du discours populaire qui se donne libre cours à cette occasion. Les intérêts économiques des grandes villes commerçantes de l'Europe du Nord s'accommodent mal d'une liberté anarchique qui, pendant plusieurs semaines voire plusieurs mois, suspend les échanges et interrompt le travail. Mais la menace vient aussi de la montée de l'individualisme, qui brise l'unité populaire, et ne laisse subsister à sa place que la conscience des hommes seuls s'interrogeant sur leur vie et leur mort. C'était le peuple qui dans le Carnaval fêtait une immortalité qui transcendait l'existence des individus. Ceux-ci

---

1. M. Bakhtine, op. cit.

maintenant tentent, subjectivement, d'adhérer à une vision qui n'est plus vraiment celle d'un peuple unifié, et de trouver dans le rire une réponse à leurs doutes.

● *L'individu et le rire*

Pour la signification du rire, l'une des toutes premières scènes de l'œuvre est aussi l'une des plus exemplaires. Quand Gargantua se demande s'il doit rire parce qu'un fils lui est né ou pleurer parce que sa femme est morte (*Pantagruel,* ch. III), c'est un individu qui est devant nous, seul, sans secours d'aucune sorte : ni d'ordre sociologique (où est le peuple que M. Bakhtine évoque si souvent ?), ni d'ordre théologique (Dieu n'intervient que pour garantir l'existence d'un paradis où se trouve maintenant la « noble Badebec »). Gargantua est bien le premier personnage perplexe du roman rabelaisien, mais à la différence du Panurge des derniers livres, il parvient par une décision strictement individuelle à sortir de cette perplexité. Choisir le rire, pour lui, cela revient à parier sur la vie, plus importante que la mort, mais ce n'est plus la vie d'un être collectif, le peuple, qui trouve dans le mouvement de l'histoire son immortalité. C'est croire, comme le dira encore le célèbre prologue de la lettre envoyée à son fils (ch. VIII), qu'il ne périra pas totalement lorsque la mort le saisira, puisqu'il laisse sur la terre un fils chargé de le perpétuer. Gargantua prend donc cette décision philosophique au nom de la nouvelle vision du monde de l'époque, où l'homme seul ne peut accepter son destin que s'il découvre le moyen de vaincre la mort. Ce moyen, c'est ici la procréation. D'où le rire, admirable, du géant.

Ce serait une erreur de croire que le rire a toujours, chez Rabelais, la victoire facile : Panurge, dans les derniers livres, sera là pour nous le rappeler, et son témoignage apparaît d'autant plus important qu'il est l'individu par excellence. Pour accéder au rire, il est nécessaire que l'homme du seizième siècle se détache de lui-même, qu'il échappe à cette « philautie » (amour de soi, ou attachement à soi) dont Rabelais après Érasme a fait un vice rédhibitoire. Janotus de

Bragmardo y parvient, lui qui commence le plus sérieusement du monde le discours officiel qu'on lui a demandé de tenir, et qui peu à peu, gagné par l'ivresse et le plaisir de l'invention verbale, se laisse aller au hasard des associations de mots. Janotus accède par le rire à l'humour libérateur.

● Le cynisme ou l'humour

Les représentants de la vérité officielle ne logent pas l'humour auprès d'eux : pas de « fou » à la cour de Picrochole. On comprend l'attitude des autorités : l'humour du fou — l'humour en général — relativise ce que le pouvoir et les idéologies présentent comme permanent et absolu. Et les appareils idéologiques d'État — église, école, etc. — ne peuvent guère le tolérer davantage. L'humour rabelaisien ne lutte pas, quoi qu'on ait dit, contre le sérieux médiéval, mais contre le sérieux de la Renaissance. Aucune époque, en effet, n'a cru, autant qu'elle, à sa grandeur, à sa dignité, à sa mission. Aucune n'a cru autant à son propre discours sur le monde. Pour contester ces nouvelles vérités, il fallait un rire qui ne fût garanti par aucun savoir, mais par le sentiment profond que le monde est toujours plus riche que ce qu'on peut en dire. Ce rire, en tant que roi, Gargantua le refuse (pas plus de fou à sa cour qu'à celle de Picrochole), parce qu'il croit que le monde s'organise réellement selon son propre discours, lui-même reflet des vérités divines.

Et Panurge n'est pas l'homme de la situation. S'il ne fait pas partie des « agelastes », il ignore totalement les vertus de l'humour. Quand il rit, c'est au spectacle de farces habilement combinées, comme celles dont sont victimes les sergents du guet, les pages ou les dames de Paris. Panurge ne se libère des vérités officielles et des règles de la vie collective que par une négation cynique. Son rire laisse intactes les institutions auxquelles il ne s'attaque jamais réellement. Il n'est pas moins étranger à la logique de la vision carnavalesque qui ne condamne à mort que pour célébrer une nouvelle naissance.

Les héros de l'humour, dans les deux premiers livres, ce sont Socrate et Alcofrybas, le premier comme modèle de l'autre. Ils sont les seuls à le pratiquer, parce qu'ils acceptent pleinement leur subjectivité. Ils jettent sur le monde un regard lucide, mais dépourvu du mépris qui sera parfois le signe de l'humour romantique. Approuver le monde, même celui qui est en train de sortir de l'effort de la Renaissance, ce serait accorder trop d'importance au mouvement d'une histoire, qui s'amuse à « translater » la civilisation d'un pays à l'autre au gré de ses fantaisies (*Gargantua*, ch. I). Mépriser le monde ou s'en plaindre, ce serait encore lui accorder trop d'importance : « La plainte et la commisération sont meslées à quelque estimation de la chose qu'on plaint[1]. » Reste l'humour, comme adhésion subtile à l'ordre des choses, cette manière d'être double, mais sans aucun mensonge, qu'a inventée Socrate : « pauvre de fortune, infortuné en femmes, inepte à tous offices de la république, tousjours riant, tousjours beuvant d'autant à un chascun, tousjours se guabelant, tousjours dissimulant son divin sçavoir », mais possédant aussi « entendement plus que humain, vertus merveilleuse, couraige invincible, sobresse non pareille, contentement certain, asseurance parfaicte, deprisement incroyable de tout ce pourquoy les humains tant veiglent, courent, travaillent, navigent et bataillent » (Prologue du *Gargantua*, p. 55-57). Le « deprisement » de Socrate est la manière qu'il a choisie pour rappeler ses contemporains au devoir de lucidité. En aucun cas il ne le retranche de la société des mortels. Ainsi d'Alcofrybas qui conteste tout ce que disent les porte-parole de la nouvelle vérité, — sans refuser toutefois de les entendre et de nous les faire entendre.

LA VISION ROYALE

Contre les partisans d'un rire sans responsabilité, contre les tenants de l'ancienne vérité, les rois rabelaisiens prononcent dans les deux premiers livres le nouveau discours de la Renaissance. Situation nouvelle dans la littérature : les rois s'occupent de la vérité. Pourquoi ? Parce que la pensée

1. Montaigne, *Essais*, I, 50, « De Democritus et Heraclitus ».

politique de la Renaissance leur confère des prérogatives infiniment plus étendues que celles de leurs devanciers, les rois « bons, justes et pieux » du Moyen Age. Le philosophe ou le clerc ne possèdent plus le monopole de la connaissance, ils doivent la partager, bon gré mal gré, avec les détenteurs du pouvoir politique, quitte à les conseiller. Et les rois s'emparent dans leurs discours de tous les domaines qui, jadis et naguère, leur échappaient plus ou moins : religieux, moral, économique. Les pèlerins, émerveillés des leçons de Gargantua, célèbrent une sagesse que le roi lui-même rapproche de celle des princes philosophes platoniciens : « C'est (dist Gargantua) ce que dict Platon au livre V de la *République* : que lors les republiques seroient heureuses quand les roys philosopheroient ou les philosophes regneroient » (ch. XLV, p. 355-357). Puisque les philosophes ne règnent pas, reste la philosophie du roi et sa signification.

• La fonction royale

Rabelais nous propose trois figures de rois : Grandgousier, Gargantua, Pantagruel, mais c'est le second qui incarne le mieux l'idéal royal de la Renaissance. Grandgousier est encore associé aux images de la vie patriarcale, esquissée par l'auteur au début de la guerre picrocholine (ch. XXVIII, p. 247). Si sa richesse est considérable, l'organisation même du royaume, comme par ailleurs la conduite de la guerre, semble de plus en plus laissée aux soins de son fils Gargantua. Il a, en effet, sur son père l'avantage des études qu'il a faites, et qui sont nécessaires — tous les auteurs le proclament — à l'exercice du métier de roi. Pantagruel a lui aussi bénéficié des lumières de la Renaissance, mais le livre dont il est le héros ne lui donne pas une fonction politique importante, et quand il reparaît dans la narration rabelaisienne (trois derniers livres), il semble avoir préféré la recherche de la vérité en compagnie de Panurge à l'exercice de l'autorité.

D'un roi à un autre, le pouvoir se transmet par le jeu très simple de l'hérédité : aucune contestation ne surgit lorsque le trône devient vacant à la mort de Gargantua. Le système de la monarchie héréditaire, communément accepté à cette époque, l'est aussi par Rabelais. Il n'est pas davantage question d'un quelconque « contrat » entre la nation et le roi, car l'autorité de celui-ci (et de ses descendants) est de « droit naturel » (*Gargantua,* ch. XXIX, p. 253).

Rabelais ne sacralise en aucune façon la personne du roi, comme le feront un peu plus tard les poètes de la Pléiade : s'il était même tenté de le faire, Alcofrybas serait là pour lui rappeler « que plusieurs sont aujourd'huy empereurs, roys, ducz, princes et papes en la terre, lesquels sont descenduz de quelques porteurs de rogatons et de coustretz » (*Gargantua,* ch. I, p. 63). Mais il accorde à leur fonction la plus haute importance.

● *Les responsabilités du Prince*

Rien n'échappe à l'autorité royale. En donnant à ses rois des pouvoirs accrus, Rabelais ne fait qu'épouser la tendance dominante de la réflexion politique de son temps. Les missions du roi ne peuvent plus être définies comme elles l'étaient lorsque, à côté du pouvoir politique, existait un pouvoir spirituel, fort et unanimement accepté. Non seulement Rabelais ne fait jamais allusion, dans les deux premiers livres, à l'autorité du pape, mais il s'affirmera résolument gallican lorsque, un peu plus tard, un conflit surgira entre le pape et le roi de France. Les rois de Rabelais ne reconnaissent qu'un seul pouvoir au-dessus du leur : celui de Dieu lui-même.

La politique proprement dite s'inspire de quelques maximes simples, maintes fois formulées par Érasme et ses disciples, et reprises par Grandgousier dans son discours à Toucquedillon (*Gargantua,* ch. XLVI) : « guarder, saulver, regir et administrer chascun ses pays et terres ». Ce pacifisme repose à la fois sur l'Évangile et sur une conception réaliste de la politique : « le temps n'est plus d'ainsi conquester les royaulmes » (p. 359), parce que ceux-ci s'épuisent dans des guerres ruineuses, et que la force d'un pays se mesure par ses richesses. Par ailleurs, c'est la notion de Bien commun, chère à la tradition médiévale, qui doit guider toutes les actions du roi, ce qui condamne par avance toutes les politiques de prestige personnel, celle de Picrochole ou celle de Charles Quint.

Le roi ne se contente pas d'être un «bon gestionnaire», assurant la prospérité de son pays et la tranquillité des citoyens. Il veille aussi à l'ordre des consciences et intervient dans le domaine religieux. Grandgousier se juge responsable de la manière dont on enseigne, dans son pays, la parole de Dieu, et il n'hésite pas à punir un «caphart» qui répandait, dans ses sermons, des superstitions absurdes (*Gargantua*, ch. XLV, p. 353). Par son intermédiaire, c'est Rabelais qui rappelle à François Ier qu'il doit interdire pareils «scandales», car les imposteurs des âmes sont plus dangereux que tout. Le courant évangélique, auquel il appartient, espère que le roi saura voir où est la vérité religieuse, et qu'il s'attachera à la promouvoir. En désespoir de cause, le roi doit au moins prendre la défense de ceux qui annoncent l'Évangile «en sens agile» (*Gargantua*, ch. LIV, p. 409) et leur offrir un «refuge et bastille» contre leurs persécuteurs.

● *La pensée de l'ordre*

Au royaume des géants, les rôles et les tâches se trouvent aussi clairement distribués que dans une utopie. Et comme dans celle-ci, l'inaction n'est pas tolérée. Si les moines sont condamnés par Gargantua (ch. XL), ce n'est plus seulement au nom de la tradition médiévale qui les juge sales, ignorants et luxurieux. C'est parce que «leurs conventz et abbayes» sont «separez de conversation (= société) politicque» (p. 321); étrangers à la vie économique de la nation, ils ne produisent aucune richesse, et leur mission spirituelle («ilz prient Dieu pour nous», objecte timidement Grandgousier à son fils, p. 323) devient inutile, si l'on croit, comme Gargantua et tous les évangéliques, que «tous vrays christians, de tous estatz, en tous lieux, en tous temps, prient Dieu, et l'Esperit prie et interpelle pour iceulx, et Dieu les prent en grace» (*ibid.*). La vie chrétienne se vit dans le monde, sauvé par ce discours de la tradition du «mépris».

Et dans ce monde, chaque homme (chaque chrétien, car rares sont ceux qui refusent cette identité) doit vivre activement, selon les exigences de sa vocation, «le paisant» comme «l'homme de guerre», «le medecin» comme «le bon docteur evangelicque et pedagoge » ou le « marchant » (p. 323). Au moment de renvoyer les pèlerins chez eux, Grandgousier leur donne quelques conseils paternels qui constituent la morale pratique des évangéliques : « Entretenez voz familles, *travaillez*, chascun en sa vocation, instruez voz enfans, et vivez comme vous enseigne le bon apostre sainct Paoul. Ce faisans, vous aurez la garde de Dieu, des anges et des sainctz avecques vous » (ch. XLV, p. 355). Le roi se fait ici l'interprète de la pensée de Dieu, et organise dans son discours une société active, riche et industrieuse, celle que réclame la bourgeoisie, classe montante, et qu'édifie pour sa part la pensée religieuse de la Réforme.

● Le travail et la richesse

À l'époque où Rabelais écrit, les pays riches de l'Europe de l'ouest supportent de plus en plus mal l'existence des mendiants, vrais ou faux, qui hantent les parvis des églises et les lieux où ils espèrent bénéficier de la charité publique. Les mendiants qui refusent de travailler lancent un défi à la société bourgeoise qui fait du labeur intellectuel et manuel le maître mot de sa vision du monde, et qui cherche dans les textes sacrés, mieux connus grâce à la Réforme, la justification de sa manière de vivre, sérieuse et parfois sévère.

Les mendiants n'apparaissent pas dans l'œuvre de Rabelais, à la différence du roman picaresque. Mais Panurge fait partie des vagabonds qui vivent d'expédients, et les pèlerins, plus honnêtes, vivent aussi sur les routes. Ils se dérobent à l'ordre qui de plus en plus tend à fixer chacun à résidence. Par l'intermédiaire du roi, interprète de cette nouvelle vision du monde, ils sont invités à s'établir et à produire : des richesses et des enfants. Seul, Panurge, dans le *Pantagruel,* échappe à l'obligation et trouve sa subsistance en devenant le bouffon du roi.

Avant de l'appliquer aux autres, les rois-géants se sont soumis eux-mêmes à la loi sacro-sainte du travail. L'éducation de Gargantua plus encore que celle de Pantagruel suppose un effort immense, un emploi du temps aussi minutieusement établi que, dans un autre domaine, celui des négociants et grands brasseurs d'affaires de la Renaissance[1]. On capitalise les connaissances, comme on capitalise l'argent, sans trêve et sans relâche.

La société idéale voulue par Gargantua — celle de Thélème — échappe à cette loi nouvelle du monde moderne : personne ne travaille, personne ne « produit », sauf les artisans installés à l'extérieur qui assurent, par leur activité, l'« otium » bienheureux de ces privilégiés. Mais Thélème, c'est l'essentiel, n'échappe pas au roi.

● *Échec au roi ?*

Le roi a tout ordonné[2] : commandé et mis en ordre. Les choses de la politique comme celles de la religion, de l'économie et même du langage. Rien ne lui résiste, les Thélémites encore moins que les autres. Leur château n'est pas, malgré les apparences, le lieu de la vraie liberté. « On s'ébat entre maîtres, logé par un maître absent[3] ». Gargantua a inventé le moyen moderne de régner sans se faire voir, grâce à cette « architecture anonyme » qui institue un « espace de visibilité où le pouvoir voit sans être vu[4] ». Et l'égalité n'est elle aussi qu'un leurre : « N'importe qui est l'égal des autres à condition que personne ne s'égale à l'égalisateur[5]. » Le dispositif qui se met en place à Thélème fait l'économie de la répression, mais il ne supprime pas l'existence du pouvoir. Au contraire : il en rend l'exercice « plus rapide, plus léger, plus efficace » grâce à une série de « coercitions subtiles[6] ».

Gargantua échoue cependant : à cause de Frère Jean, on l'a dit, mais aussi à cause de Panurge. Le héros du *Tiers Livre* dément en effet, par son attitude, la philosophie du roi : il est l'homme qui n'est pas assuré de son vouloir. Pour lui,

---

1. Voir P. Jeannin, *Les Marchands au XVIe siècle*, Paris, Le Seuil, 1957.
2. Inscription mise sur la grande porte de Thélème ; *Gargantua*, LIV, p. 411.
3. A. Glucksmann, *Les Maîtres penseurs*, Paris, Grasset, 1977, p. 15.
4. *Ibid.*, p. 21.
5. *Ibid.*, p. 23.
6. M. Foucault, *Surveiller et punir*, Paris, Gallimard, 1975, p. 211.

comme pour l'homme moderne, rien n'est garanti d'avance, et c'est pourquoi il refuse les offres de service du roi et de toutes les idéologies. Ce qu'a très bien vu A. Glucksmann : « la version panurgique du « Fay ce que vouldras » est toute différente de celle de Thélème. Elle n'enferme pas dans une utopie idéale mais jette sur les routes. Elle ne garantit pas du risque d'être trompé, volé, battu, et elle en rit[1]. Les paradoxes ne sont évacués, ni évités, ils accompagnent les dérives, ils garantissent seulement contre les garanties définitives[2] ». Panurge reprend la route comme le picaro, non comme le pèlerin, et sa quête marque la fin des rêves de stabilité et d'harmonie, dont Thélème constitue peut-être la dernière et lumineuse expression.

---

1. Pas toujours, et c'est notre seul point de désaccord avec A. Glucksmann : Panurge est un personnage profondément angoissé, du moins jusqu'à la réponse de l'oracle.
2. Op. cit., p. 28.

Conclusion

Douze années de silence (romanesque) suivent le *Gargantua* ;
et quand le *Tiers Livre* paraît en 1546, tout, dans la narration,
semble avoir changé : la manière, le style, les personnages.
Changement encore plus décisif : les livres suivants ne
donneront plus des réponses, mais ne feront qu'énoncer des
questions ; sur tout : le langage et sa conformité avec les
choses ; la morale ; le pouvoir ; la religion. L'humanisme n'est
peut-être pas mort, mais on ne respire plus, vers le milieu du
siècle, le même air philosophique. Et quand les personnages,
partis consulter l'oracle, entendront une réponse : « Trinch »,
celle-ci ne fera que les renvoyer à leur « entreprise », c'est-à-
dire à leur propre existence, qu'ils doivent interroger.

Les deux premiers livres eux-mêmes ne donnent qu'en
apparence des réponses unanimes aux questions, implicites,
qui se posent. Comment, en effet, doit-on vivre ? Comme les
géants, c'est-à-dire en homme avide de connaître et d'agir, en
humaniste donc ? ou comme Panurge ? Le narrateur semble
hésiter, lui qui, dans le *Pantagruel,* ne cesse d'aller de l'un à
l'autre, aussi partagé que nous. Et les géants eux-mêmes, que
représentent-ils ? Le mythe renaissant de l'homme ou bien une
résurgence des forces telluriques, séduisantes et effrayantes
tout en même temps ? Faut-il vivre seul, comme Panurge, ou
en groupe, comme les Thélémites ? Comment doit-on parler ?
sérieusement, comme les rois-géants, qui organisent l'univers
par leur logos ? ou « pour rire », comme le demande un
Carnaval dont les feux de joie brillent encore, malgré l'exten-
sion progressive des feux sinistres des bûchers ? À moins qu'il
ne soit préférable de se taire : par prudence politique, et,
peut-être aussi, pour cueillir une révélation silencieuse sur les
lèvres des choses, comme le montre le *Quart Livre* ?

Le *Pantagruel* et le *Gargantua* ne progressent qu'en mettant en question les réponses que l'on croyait données : l'intervention de Panurge jette un doute sur l'éducation reçue par Pantagruel ; la culture humaniste conteste le savoir médiéval ; Frère Jean s'oppose à l'institution monastique, mais aussi, plus secrètement, aux rois-géants eux-mêmes. Thélème s'écarte de l'idéal de vie tracé par Gargantua devant les pèlerins, etc. Rien ne sera donc jamais acquis. Le roman rabelaisien, qui n'a pas encore inventé le héros problématique (Panurge en sera un, dans une certaine mesure), ne se lasse pas de répondre autrement aux questions posées, et même, de poser d'autres questions.

Voilà pourquoi il dérange : les partisans de la Renaissance autant que ceux du Moyen Age, les idéologues de la bourgeoisie autant que les intellectuels que saisit déjà une certaine nostalgie populiste ! Invité à décliner son identité, et celle de son discours, Rabelais répond, comme Socrate, par des questions. Socrate, modèle du deuxième prologue, en attendant que Diogène devienne, dans celui du *Tiers Livre*, l'admirable figure ironique nécessaire à cette œuvre. Diogène, l'écrivain sans responsabilité et séparé de la « conversation politicque », continue à mouvoir son tonneau en tous sens, pour parodier l'activité fébrile de ses concitoyens. Ce faisant, il attire sur lui l'attention, et oblige le spectateur à s'interroger. Ainsi de la littérature : sous peine de devenir dogmatique, elle ne doit pas répondre définitivement aux questions. Elle s'attache plutôt à les formuler, en jetant dans un monde où la présence de Dieu se fait incertaine des personnages solitaires et en rupture d'idéologie toute faite. Rabelais fera ce choix décisif dans ses trois derniers livres. Le *Pantagruel* et le *Gargantua* regardent encore vers un monde qui est en train de disparaître. Le *Tiers* et le *Quart Livre* vers un avenir incertain, car il dépend maintenant de l'homme seul.

Bibliographie

● *Éditions critiques*

On aura tout intérêt à utiliser l'édition des *Œuvres complètes* de Rabelais par G. Demerson, Éditions du Seuil, l'Intégrale, 1973. L'originalité de celle-ci est de présenter le texte et une traduction en français moderne ; l'annotation, très riche, se révèle fort précieuse.

Le *Pantagruel* a été édité séparément (texte original) par V.-L. Saulnier, Paris, 1946 ; nouv. édition, Genève, Droz, Paris, Minard, 1959. Et le *Gargantua* (texte original) par M.-A. Screech, Genève, Droz, 1970.

● *Ouvrages d'ensemble sur le seizième siècle*

DELUMEAU (J.), *La Civilisation de la Renaissance*, Paris, Arthaud, 1968.

DELUMEAU (J.), *Naissance et affirmation de la Réforme*, Paris, P.U.F., 1965.

FEBVRE (L.), *Le Problème de l'incroyance au seizième siècle, la religion de Rabelais*, Paris, Albin Michel, 1942 (réédité en livre de poche).

FOUCAULT (M.), *Les Mots et les choses*, Paris, Gallimard, 1966.

GARIN (E.), *L'Éducation de l'Homme moderne*, trad. française, Paris, Fayard, 1968.

LE GOFF (J.), *Les Intellectuels au Moyen Age*, Paris, Le Seuil, 1957.

MANDROU (R.), *Introduction à la France moderne*, Paris, Albin Michel, 1961.

● *Études sur Rabelais*

BAKHTINE (M.), *L'Œuvre de François Rabelais et la culture populaire au Moyen Age et sous la Renaissance*, trad. franç., Paris, Gallimard, 1970.

BEAUJOUR (M.), *Le Jeu de Rabelais*, Paris, l'Herne, 1969.

DIEGUEZ (M. de), *Rabelais par lui-même*, Paris, Le Seuil, 1960.

LARMAT (J.), *Rabelais*, Paris, Hatier, 1973.

LEFEBVRE (H.), *Rabelais*, Paris, Éditeurs français réunis, 1953.

PARIS (J.), *Hamlet et Panurge*, Paris, Le Seuil, 1971.

PARIS (J.), *Rabelais au futur*, Paris, Le Seuil, 1970.

RIGOLOT (F.), *Les langages de Rabelais*, Genève, Droz, 1972.

SAULNIER (V.-L.), *Le Dessein de Rabelais*, Paris, Sedes, 1957.

Thèmes de réflexion

— On a souvent parlé de « littérature populaire » à propos des deux premiers romans de Rabelais. En définissant le terme « populaire » d'une manière rigoureuse, vous direz s'il convient ou non à ces textes.

— Le géant peut-il être considéré comme l'expression littéraire des forces historiques de la Renaissance ?

— J. Paris (*Hamlet et Panurge,* Paris, Le Seuil, 1971) a tenté un parallèle entre le héros de Rabelais et celui de Shakespeare. Comment, selon vous, peut-on le justifier ?

— Panurge reparaît au *Tiers Livre* de Rabelais. Quelle est la signification de sa métamorphose ?

— L'érudition rabelaisienne : sa place, ses contenus, ses fonctions.

— L. Spitzer a salué en Rabelais le « maître de l'irréalisme bouffon ». Qu'en pensez-vous ?

— Sens et non-sens dans l'écriture rabelaisienne ; ses origines (le fatras médiéval, le coq-à-l'âne) ; son avenir (l'écriture automatique, etc.).

— L'excès et la dépense chez Rabelais : dépense d'énergie, dépense sexuelle, dépense d'argent.

— M. Beaujour (*Le Jeu de Rabelais,* p. 46-47) remarque que notre lecture de Rabelais doit beaucoup à celle « des grands transgresseurs contemporains, de Joyce à Burroughs en passant par Céline, Bataille et les surréalistes ». Mais il se demande si nous ne prêtons pas à l'œuvre un « mal » dont elle serait innocente, si nous ne sommes pas « de méchants petits diables à l'affût de sadisme jusque dans la Bibliothèque Rose ».

Quelles sont, selon vous, l'utilité et la limite d'une lecture de Rabelais à partir de certains grands textes contemporains ?

COLLECTION PROFIL

● PROFIL SCIENCES HUMAINES

*Présentation d'un livre fondamental
(économie, sociologie, psychanalyse, etc.)*

203 - **Keynes** - Théorie générale
205 - **Freud** - Introduction à la psychana-
        lyse
212 - **Marx** - Le Capital
214 - **Beauvoir** - Le deuxième sexe
218 - **Descartes** - Discours de la méthode

● PROFIL FORMATION

Expression écrite et orale

305 - Explorer le journal
306 - Trouvez le mot juste
307 - Prendre la parole
308 - Travailler en groupe
309 - Conduire une réunion
310 - Le compte rendu de lecture
311/312 - Le français sans faute
323 - Améliorez votre style, t. 1
365 - Améliorez votre style, t. 2
342 - Testez vos connaissances en voca-
        bulaire
390 - 500 fautes de français à éviter
391 - Ecrire avec logique et clarté
395 - Lexique des faux amis

Le français aux examens

303/304 - Le résumé de texte
313/314 - Du plan à la dissertation
324/325 - Le commentaire de texte au
            baccalauréat
359/360 - 50 romans clés de la littérature
            française
396 - Histoire de la littérature
        en France au XVIIe siècle
366/367 - Histoire de la littérature
            et des idées en France au XIXe siècle
368/369 - Histoire de la littérature
            et des idées en France au XXe siècle
397 - La littérature fantastique en France
392/393 - Bacs: Mode d'emploi
394 - Le nouvel oral de français
        au baccalauréat

Bonnes copies de bac

*Authentiques copies d'élèves,
suivies chacune d'un commentaire*

315/316 - Philosophie, t. 1
343/344 - Philosophie, t. 2
317/318 - Français:
            commentaire de texte, t. 1
349/350 - Français:
            commentaire de texte, t. 2
319/320 - Français:
            dissertation, essai, t. 1
347/348 - Français:
            dissertation, essai, t. 2
363/364 - Français: résumé/analyse

La philosophie au bac

*Toutes les notions du programme
de terminale*

330 - Violence et pouvoir
331 - Le pouvoir des signes
332 - Désir et raison
333 - L'homme en question
334 - Liberté et valeurs morales
335 - Le travail humain
338 - Savoir et pouvoir I
339 - Savoir et pouvoir II
340/341 - Lexique de philosophie
380/381 - Histoire de la philosophie

Des textes pour l'oral du baccalauréat

370/371 - **Comte** - Cours de philosophie
            positive
372/373 - **Hume** - Dialogues sur la
            religion naturelle
374 - **Kant** - Analytique du Beau
375 - **Nietzsche** - Crépuscule des idoles
376 - **Rousseau** - Essai sur l'origine des
        langues
377 - **Aristote** - Éthique à Nicomaque
        (Livres VIII et IX sur l'amitié)
378 - **Epicure** - Textes sur le plaisir
379 - **Leibniz** - La cause de Dieu
701 - **Platon** - Hippias majeur
702 - **Sartre** - La mauvaise foi
        (L'Être et le néant)

● PROFIL DOSSIER
    PROFIL SOCIÉTÉ
    PROFIL ACTUALITÉ

De nombreux autres titres
(au catalogue de la collection Profil).

Imprimé en France par MAURY-IMPRIMEUR S.A. – 45330 Malesherbes
Dépôt légal : Janvier 1988
N° d'édition : 10148 – N° d'impression : L87/22530